W0064148

Grammatik
Spanisch im Griff

von
Margarita Görrissen

Ernst Klett Verlag
Stuttgart · Düsseldorf · Leipzig

PONS Grammatik
Spanisch im Griff

von
Dr. Margarita Görrissen

Dieses Werk ist inhaltlich identisch mit:
"Spanische Grammatik im Griff", ISBN 3-12-560973-9

1. Auflage A 1 [4] [3] [2] [1] I 2001 2000 99

© Ernst Klett Verlag GmbH, Stuttgart 1999
Internetadresse: http://www.pons.de
e-mail: info@pons.de
Alle Rechte vorbehalten.

Redaktion: Gabriele Forst
Einbandgestaltung: Erwin Poell, Heidelberg;
Metzger & Schmidt (Designbüro MESCH), Mannheim
Druck: Druckerei zu Altenburg, Altenburg
Printed in Germany
ISBN 3-12-560886-4

So benutzen Sie dieses Buch

Spanische Grammatik im Griff ist ein Buch zum Nachschlagen, Lernen und Üben.

Sie sind der Typ des/der modernen Lernenden: mit wenig Zeit, aber einem hohen Bedarf an schnell zugänglichen und gut aufbereiteten Informationen. Wenn Sie bemerken, dass Sie bei bestimmten spanischen Wörtern oder Sätzen immer wieder Schwierigkeiten haben, wollen Sie dieses Problem wahrscheinlich kurzfristig und gründlich beseitigen. Damit Sie rasch die richtige Stelle im Buch finden, besitzt diese Grammatik drei verschiedene Verzeichnisse, die Sie ans Ziel führen können:

– *„Grundform", „Adverb", „Artikel" – wenn Sie sich über Sinn und Bedeutung dieser Begriffe nicht mehr im Klaren sind, hilft Ihnen die Übersicht der Grammatikbegriffe am Anfang dieses Buches. Danach können Sie das Thema im entsprechenden Kapitel weiter vertiefen.*

– *Sie sind nicht mehr sicher, wann Sie Indefinido oder Imperfekt verwenden? Wie war es noch einmal mit den Pronomen? Über das Inhaltsverzeichnis finden Sie schnell heraus, wo Sie nachschlagen können.*

– *Wann benützt man hay? Was ist der Unterschied zwischen ser und estar? Das ist kein Problem! Der Index am Ende des Buches führt Sie zur richtigen Stelle.*

Typischer Aufbau eines Grammatikkapitels:

Hier können Sie die Sprache unter die Lupe nehmen: Sie sehen das Grammatikthema des Abschnitts im Satzzusammenhang und finden zur Sicherung der Bedeutung eine deutsche Übersetzung.

Hier erfahren Sie, wie Sie das Puzzle der Wörter richtig zusammensetzen: Tabellen zeigen Ihnen in knappen Übersichten die wichtigsten Formen/ Endungen der Wörter. Anhand von typischen Beispielsätzen erfahren Sie, wie Sie die Formen und Wörter richtig in Sätze einbauen und wann und wie Sie die Sätze verwenden können.

Achtung, hier folgen wichtige Hinweise: An dieser Stelle erhalten Sie Tipps, wichtige Informationen und interessante Hinweise.

Un pequeño test
Wollen Sie sicher gehen, dass Sie das Wesentliche verstanden haben? 10 Tests zu den wichtigsten Grammatikkapiteln ermöglichen Ihnen eine schnelle Überprüfung Ihrer Kenntnisse.

Inhaltsverzeichnis

Das Substantiv

Das Geschlecht der Substantive

El **libro** está en la **mesa**.   *Das Buch ist auf dem Tisch.*

el sombrero   **la** chaqueta   *Im Spanischen sind Substantive entweder*
el hotel   **la** oficina   *männlich oder weiblich.*
Sächliche Substantive gibt es nicht.

Das Geschlecht eines deutschen Substantivs stimmt nicht immer mit dem des spanischen überein. Lernen Sie deshalb Substantive immer mit ihrem Artikel!

| **el** hotel | *das Hotel* | **la** oficina | *das Büro* |
| **el** sol | *die Sonne* | **la** luna | *der Mond* |

Männliche Substantive

Männlich sind:

el chic**o**   – *in der Regel Substantive, die auf* **-o**
el libr**o**   *enden.*
el hij**o**   *Zu dieser Gruppe gehören die meisten*
el dormitori**o**   *männlichen Substantive.*

Aufgepasst! Einige Substantive, die auf **-o** *enden, sind ausnahmsweise weiblich. Allerdings sind* **la foto** *und* **la moto** *eigentlich keine echten Ausnahmen, da sie verkürzte Wörter sind und ihre vollständigen Formen jeweils auf* **-a** *enden.*

la fot**o** (fotografía)   la mot**o** (motociclet**a**)
la man**o**   la radi**o**

el coch**e**   el avió**n**   – *einige Substantive, die auf* **-e** *oder auf*
el viaj**e**   el hote**l**   *Konsonant enden.*

5

el día	el mapa	– *einige Substantive, die auf -a enden.*
el tranvía	el sofá	*Zu ihnen zählen alle internationalen*
el problema	el clima	*Wörter auf -ma.*

el **Danubio**	el **Amazonas**	– *Flüsse und Meere.*
el **Caribe**	el **Mediterráneo**	

el **amarillo**	el **verde**	– *Farben und Zahlen.*
el **lila**	el **ocho**	

Weibliche Substantive

Weiblich sind:

la chica	– *in der Regel Substantive, die auf -a*
la mesa	*enden.*
la sopa	*Dieser Gruppe gehören die meisten*
la playa	*weiblichen Substantive an.*

la noche	la parte	– *einige Substantive, die auf -e oder auf*
la llave	la catedral	*Konsonant enden.*

la habita**ción**	la ciu**dad**	la liber**tad**	– *Substantive, die auf -ción, -sión,*
la nacionali**dad**	la deci**sión**	la sal**ud**	*-dad, -tad und -ud enden.*

¿Es una **b** o una **p**?	– *Buchstaben.*

A mí me parece que **Málaga** es muy túristica.	– *Länder, Städte und Inseln auf -a;*
	die anderen sind meist männlich.
Yo me voy a la **India** y al **Japón**.	
Fuerteventura es muy bonita.	

Weibliche Substantive, die mit betontem a oder ha beginnen, werden in der Einzahl von dem männlichen Artikel el begleitet, obwohl sie ihr weibliches Geschlecht behalten. In der Mehrzahl hingegen steht der weibliche Artikel las.

Como **el** águila blanca es rara, **las** águilas blancas están protegidas.
Las hadas siempre ayudan en los cuentos y así **el ha**da buena salva muchas veces a la princesa.

Beginnt das weibliche Substantiv hingegen mit unbetontem a oder ha, wird es von dem weiblichen Artikel la begleitet.

~ ¿De qué color es **la a**ceituna? ~ **La ha**cienda de don Pedro, ¿está cerca de aquí?
≈ **La a**ceituna puede ser verde o negra. ≈ Sí, está cerca.

Das Geschlecht bei Personen- oder Berufsbezeichnungen

Mi tío es ingeniero y
    mi tía es secretaria.

Mein Onkel ist Ingenieur und
    meine Tante ist Sekretärin.

Bei Substantiven, die Personen oder
Berufe bezeichnen, entspricht das natür-
liche Geschlecht dem grammatischen
Geschlecht.

el niño	la niña	*Substantive, deren männliche Formen*
el hijo	la hija	*auf -o enden, bilden die weiblichen*
el camarero	la camarera	*Formen auf -a.*

el profesor	la profesora	*Endet die männliche Personen- oder*
el trabajador	la trabajadora	*Berufsbezeichnung auf -or, so fügt man*
		für die weibliche Form ein -a hinzu.

el jefe	la jefa	*Personen- oder Berufsbezeichnungen,*
el dependiente	la dependienta	*deren männliche Formen auf -e enden,*
el presidente	la presidenta	*bilden die weiblichen Formen in der*
		Regel auf -a.

Allerdings gibt es einige Substantive auf -nte, die für beide Geschlechter dieselbe
*Form haben, z. B. **el amante/la amante** und **el estudiante/la estudiante.***

Einige Substantive haben eine einzige
Form für beide Geschlechter.
Zu dieser Gruppe gehören:

el estudiante	la estudiante	*– einige Substantive auf -nte,*
el participante	la participante	
el turista	la turista	*– Substantive auf -ista,*
el periodista	la periodista	
el colega	la colega	*– Substantive auf -a,*
el guía	la guía	
el joven	la joven	*– sowie Substantive, die sich keiner*
		Gruppe zuordnen lassen.
el padre	la madre	*Einige Substantive haben verschiedene*
el hombre	la mujer	*Bezeichnungen für männliche und*
el rey	la reina	*weibliche Personen oder Berufe.*
el actor	la actriz	

Einzahl und Mehrzahl der Substantive

En esta ciudad hay mucha **gente,**
muchas **calles,** muchos **coches** y
muchos **autobuses.**

Este año no voy de **vacaciones.**

In dieser Stadt gibt es viele Leute,
viele Straßen, viele Autos und
viele Busse.

Dieses Jahr fahre ich nicht in den Urlaub.

Es gibt im Spanischen Substantive, die nur in der Einzahl beziehungsweise in der
Mehrzahl verwendet werden. Diese Substantive muss man gesondert lernen, da sie
sich nicht vom Deutschen ableiten lassen.

Einige Substantive existieren nur in der Einzahl:

la gente   *die Leute*

Einige Substantive existieren nur in der Mehrzahl:

las vacaciones	*die Ferien, der Urlaub*	las gafas	*die Brille*
las tijeras	*die Schere*	los pantalones	*die Hose*

Die Mehrzahl der Substantive wird wie
folgt gebildet:

Einzahl		Mehrzahl
el chico	→	los chicos
el día	→	los días
la chica	→	las chicas
la llave	→	las llaves

– *Endet das Substantiv in der Einzahl auf*
einem Vokal, so hängt man in der
Mehrzahl ein -s an.

Einzahl		Mehrzahl
el hotel	→	los hoteles
el señor	→	los señores
el esquí	→	los esquíes
la ciudad	→	las ciudades
la mujer	→	las mujeres

– *Endet das Substantiv in der Einzahl auf*
einem Konsonanten oder auf beton-
tem -i, so hängt man in der Mehrzahl
-es an.

Einzahl		Mehrzahl
el pez	→	los peces
otra vez	→	otras veces

– *Endet das Substantiv in der Einzahl auf*
-z, wird dieser Buchstabe in der Mehr-
zahl durch die Endung -ces ersetzt.

Einzahl		Mehrzahl
el avión	→	los aviones
el alemán	→	los alemanes
la habitación	→	las habitaciones
el autobús	→	los autobuses

– *Substantive, die in der Einzahl auf*
einem Konsonanten enden und auf
der letzten Silbe einen Akzent haben,
verlieren ihn in der Mehrzahl.

Einzahl	Mehrzahl	
el examen	→ los exámenes	– Substantive, die in der Einzahl auf **-n** enden und auf der vorletzten Silbe betont werden, bekommen in der Mehrzahl einen Akzent auf dieser Silbe.
la joven	→ las jóven**es**	

Einzahl	Mehrzahl	
el lun**es**	→ los lun**es**	– Substantive, die in der Einzahl auf **-s** nach unbetontem Vokal enden, bleiben in der Mehrzahl unverändert.

Die Wochentage ändern in der Mehrzahl ihre Bedeutung:

El viernes que viene voy a ir a Salamanca.	Nächsten **Freitag** fahre ich nach Salamanca.
Normalmente tengo libre **los sábados**.	Normalerweise habe ich **samstags** frei.

Besonderheiten in der Mehrzahl bei Personen- oder Berufsbezeichnungen

~ ¿Tienen ustedes **hijos, señores** Reja?
≈ Sí, tenemos un **hijo** y una **hija**.

~ Haben Sie Kinder, Herr und Frau Reja?
≈ Ja, wir haben einen Sohn und eine Tochter.

männlich Einzahl	weiblich Einzahl	männlich Mehrzahl
el señor *der Herr*	la señora *die Frau*	**los señores** *die Herrschaften/ Eheleute/ Herr und Frau*
el hijo *der Sohn*	la hija *die Tochter*	**los hijos** *die Söhne/die Kinder*
el padre *der Vater*	la madre *die Mutter*	**los padres** *die Väter/die Eltern*
el hermano *der Bruder*	la hermana *die Schwester*	**los hermanos** *die Brüder/ die Geschwister*
el profesor *der Lehrer*	la profesora *die Lehrerin*	**los profesores** *die Lehrer/die Lehrer und Lehrerinnen*

Männliche Personen- oder Berufsbezeichnungen, die in der Mehrzahl gebraucht werden, haben mehrere Bedeutungen. Je nach Kontext bezeichnen sie entweder mehrere männliche Personen oder die Gesamtheit der jeweiligen männlichen und weiblichen Personen.

Zusammengesetzte Substantive

En este **proyecto piloto** los jóvenes fabrican **utensilios de cocina,** como **sacacorchos** y **abrelatas,** a partir de **materiales reciclados.**

In diesem Pilotprojekt stellen die Jugendlichen Küchenutensilien, wie Korkenzieher und Dosenöffner aus wiederverwertbaren Materialien her.

Im Spanischen gibt es verschiedene Möglichkeiten zusammengesetzte Substantive zu bilden.

el cumpleaños	los cumpleaño**s**
el paraguas	los paragua**s**
el abrelatas	los abrelata**s**
el lavajillas	los lavajilla**s**

Es gibt zusammengesetzte Substantive, die aus einem Wort bestehen.
*Enden sie auf **-s**, bleiben sie in der Mehrzahl unverändert.*

el coche cama	los coche**s** cama
la palabra clave	las palabra**s** clave

Einige wenige zusammengesetzte Substantive bestehen aus zwei hintereinander folgenden Substantiven.
Die Mehrzahl wird gebildet, indem das erste Substantiv in die Mehrzahl gesetzt wird.

el regalo de Navidad	los regalo**s** de Navidad
el libro de cocina	los libro**s** de cocina
la profesora de inglés	las profesora**s** de inglés
la llave de casa	las llave**s** de casa

*Die meisten zusammengesetzten Substantive werden mit Hilfe der Präposition **de** gebildet.*
Die Mehrzahl wird gebildet, indem das erste Substantiv in die Mehrzahl gesetzt wird.

la ciudad industrial	las ciuda**des** industria**les**
la habitación individual	las habitaci**ones** individua**les**
el colegio privado	los colegio**s** privado**s**

Es gibt auch zusammengesetzte Substantive im Deutschen, die im Spanischen aus einem Substantiv und einem Adjektiv bestehen.
Sie bilden die Mehrzahl, indem sowohl das Substantiv als auch das Adjektiv in die Mehrzahl gesetzt werden.

Das Substantiv im Satzgefüge

La hermana de mi amiga lee siempre cuentos **a los niños**. Por eso **los niños** quieren mucho **a la chica**.

Die Schwester meiner Freundin liest den Kindern immer Geschichten vor. Deshalb lieben die Kinder das Mädchen sehr.

Im Spanischen bleibt das Substantiv, unabhängig von seiner Rolle im Satzgefüge, gleich.

Wer? **El vecino** es mi tío.
Was? **La casa** es grande.

Der Nominativ ist gleichzeitig Satzgegenstand.

Wessen? El coche **del vecino** es un Seat.

*Der deutsche Genitiv wird durch die Präposition **de** + Substantiv ausgedrückt.*

Was? Voy a comprar **un libro**.
Wen? ~ ¿Ves **al vecino**?
≈ No, no lo veo, veo solamente **a su perro**.

*Der Akkusativ steht in der Regel ohne Präposition. Nur wenn es sich um Personen oder genauer definierte Tiere handelt, wird er mit der Präposition **a** eingeleitet.*

---

*Aber auch hier gibt es Ausnahmen. Nach **tener, buscar** und **necesitar** steht keine Präposition, auch wenn es sich um Personen handelt.*

Tengo **muchas amigas**.

~ ¿Necesitáis **una secretaria?**
≈ Sí, ya estamos buscando **una secretaria** para nuestra sucursal en Toledo.

Wem? Pedro está escribiendo una carta **a su novia**.

*Der Dativ steht immer mit der Präposition **a**.*

Der Artikel

~ ¿Conoces a **un** buen dentista?
≈ Sí, **el** dentista de mi barrio es muy bueno.

~ *Kennst du einen guten Zahnarzt?*
≈ *Ja, der Zahnarzt aus meinem Viertel ist sehr gut.*

~ ¿Dónde hay **un** banco?
≈ **El** Banco de Comercio está allí.

~ ¿Dónde hay **una** farmacia?
≈ **La** Farmacia de la Cruz está por aquí.

~ ¿Dónde hay restaurantes y tiendas?
≈ **Los** restaurantes y **las** tiendas están en la plaza.

Es gibt bestimmte und unbestimmte Artikel im Spanischen. Sie stehen jeweils vor einem Substantiv und richten sich in Geschlecht und Zahl nach diesem.
Der bestimmte Artikel wird für bekannte oder bereits genannte Sachen oder Personen verwendet.
Der unbestimmte Artikel wird verwendet, wenn man über eine unbestimmte Person oder Sache spricht.
Vor spanischen Substantiven in der Mehrzahl entfällt der unbestimmte Artikel in der Regel.

Denken Sie daran, dass vor weiblichen Substantiven in der Einzahl, die mit betontem **a** *oder* **ha** *beginnen,* **el** *oder* **un** *stehen.*

En verano me gusta **el** agua mineral bien fría para beber.
Tengo **un** hambre tremenda.

Der bestimmte Artikel

Formen

	männlich	weiblich
Einzahl	**el** coche	**la** casa
Mehrzahl	**los** coches	**las** casas

Voy **del** trabajo directamente **al** curso de español.

Der männliche bestimmte Artikel heißt in der Einzahl **el** *und in der Mehrzahl* **los**.
Der weibliche bestimmte Artikel lautet in der Einzahl **la** *und in der Mehrzahl* **las**.

Der männliche bestimmte Artikel **el** *verschmilzt mit den Präpositionen* **a** *und* **de** *wie folgt:*
a + **el** → **al**
de + **el** → **del**

Gebrauch

Der bestimmte Artikel wird verwendet:

El coche azul es de **la** chica alemana.

– *bei Personen oder Sachen, die schon bekannt sind oder bereits genannt wurden.*

El presidente abre **la** sesión.
¿Dónde está **el** museo de arte?

– *bei Personen oder Sachen, von denen es nur ein Individuum bzw. ein Exemplar gibt.*

El desempleo es un problema serio.

– *wenn man über ein abstraktes Thema spricht.*

Las llamas son animales sudamericanos.

– *wenn man im Allgemeinen über alle Mitglieder einer Gattung, Sorte oder Art spricht.*

El Misisipí es un río importante de **los** Estados Unidos.

(El) Perú, **(el)** Ecuador, **(el)** Paraguay, **(el)** Uruguay, **(la)** Argentina y **(el)** Brasil son países latinoamericanos mientras que **(el)** Canadá y **(los)** Estados Unidos pertenecen a América del Norte.

– *bei Namen von Flüssen, Seen, Gebirgen usw. und bei einigen Ländernamen.*

El inglés es una lengua muy útil.

– *bei Sprachen.*

Beachten Sie, dass sowohl nach den Verben **hablar, saber, estudiar** *und* **aprender** *sowie nach den Präpositionen* **en** *oder* **de** *bei Sprachen kein Artikel steht.*

¡Qué pena! No **hablo inglés** y tampoco **sé alemán.** Por suerte hay también libros **en español.** Pienso que voy a **estudiar alemán** pronto.

El amarillo le gusta mucho.

– *bei Farben.*

Los viernes llego a la oficina a **las** nueve de **la** mañana.
Este trabajo es para **la** semana que viene. Tengo que entregarlo **el** lunes por **la** tarde.
El mes próximo voy al pueblo donde estuve **el** verano pasado.
Visité a la familia **el** año pasado.

– *bei einer Reihe von Zeitbestimmungen.*

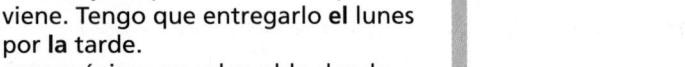

*Nach dem Verb **ser** entfällt der Artikel:*   Mañana **es viernes.**

*Ebenso steht kein Artikel vor Jahreszeiten, die nicht genauer bestimmt sind, oder aber in Verbindung mit **en** stehen.*
*Vor Monaten wird in der Regel kein Artikel verwendet, außer wenn dem Monatsnamen **pasado, próximo, que viene** usw. folgt.*

En invierno quiero ir a Chile. Creo que voy **en diciembre. Diciembre** es un mes muy bonito.

~ Perdón, ¿está **el** señor Martínez?
≈ No, **el** doctor Martínez ya no trabaja en esta oficina.

La madre de Lola es mi madrina.

*– wenn man über Personen spricht und dabei **señor, señora, señorita**, den Titel oder die Verwandtschaftsbezeichnung gebraucht.*

*Wird allerdings **señor, señora, señorita**, der Titel oder die Verwandtschaftsbezeichnung in der Anrede gebraucht, so entfällt der Artikel.*

~ Buenos días, **señorita** López.   ~ **Tío** Pepe, ¡qué gusto!
≈ Hola, **doctor** Pereda. ¿Cómo está?

*Ebenso steht kein Artikel bei **don** und **doña**:*   **Doña** Lola es mi tía.

Perdone, ¿dónde **está el** museo de arte?

~ ¿Os gusta **la** música latinoamericana?
≈ Sí, a mí me encanta **la** música boliviana.
~ Pues a mí me interesa **el** tango argentino.

*– häufig beim Verb **estar**.*

*– nach den Verben **gustar, interesar** und **encantar**.*

Pablo **toca la** guitarra y **juega al** fútbol.

*– nach **tocar** oder **jugar**.*

Mi hija Claudia **tiene el** pelo castaño y **los** ojos negros.

*– häufig bei **tener** in Verbindung mit körperlichen Merkmalen.*

Me voy a poner **el** vestido negro.
Me duele **el** estómago.

– bei Kleidungsstücken oder Körperteilen anstelle des Possessivpronomens.

Tiene que torcer primero a **la** derecha y después a **la** izquierda.
Hoy hay pollo a **la** francesa y pollo **al** ajillo.

– in einigen festen Ausdrücken.

~ Tu hermana estudia matemáticas **todo el** tiempo, ¿verdad?
~ Pobre, es que su profesor hace exámenes **todos los** días.
≈ Pero **toda la** clase es igual, **todas las** chicas estudian así.

*– meistens nach dem Adjektiv **todo, toda, todos** und **todas**.*

*Beachten Sie, dass bei Verkehrsmitteln, die in Verbindung mit **en** gebraucht werden, im Gegensatz zum Deutschen im Spanischen kein Artikel verwendet wird.*

¿Vas **en autobús** al trabajo?   *Fährst du mit **dem** Bus zur Arbeit?*

Der unbestimmte Artikel

Formen

	männlich	weiblich
Einzahl	**un** coche	**una** casa
Mehrzahl	**unos** coches	**unas** casas

*Der männliche unbestimmte Artikel heißt in der Einzahl **un** und in der Mehrzahl **unos**. Der weibliche unbestimmte Artikel lautet in der Einzahl **una** und in der Mehrzahl **unas**.*

Gebrauch

Der unbestimmte Artikel wird in der Einzahl verwendet:

Quiero comprar **un** coche pequeño para ir a mi pueblo. En mi pueblo hay **un** bar nuevo que se llama "Paco".

– wenn man über eine unbestimmte Person oder Sache spricht, oder wenn man in ein Thema einführt.

Perdón, ¿hay **una** farmacia por aquí?

*– häufig nach dem Verb **hay**.*

Der unbestimmte Artikel wird in der Mehrzahl verwendet:

En Murcia viven **unos** buenos amigos míos.

*– wenn man eine unbestimmte Menge von Sachen oder Personen benennt. **Unos** bzw. **unas** wird mit „einige" oder „ein paar" übersetzt.*

La ciudad de México tiene **unos** 20 millones de habitantes.

*– wenn man eine nicht genau definierte Zahlenangabe macht. **Unos** bzw. **unas** wird im Deutschen mit „ungefähr" oder „etwa" wiedergegeben.*

15

Queremos comprar **coches** pequeños. ¿Hay **coches** baratos aquí?	*Der unbestimmte Artikel steht nicht:* – *wenn man über mehrere unbestimmte Personen oder Sachen spricht.*
~ ¿Tienes **coche?** ≈ No, no necesito **coche.**	– *wenn man im Allgemeinen über etwas spricht.*
Camarero, ¡**otra** botella de **medio** litro!	– *vor **otro** und **medio**.*
¡**Qué** suerte! ¿**Qué** tren has tomado hoy?	– *bei Ausrufen oder Fragen mit **qué** + Substantiv.*

Das Neutrum lo

Da es im Spanischen keine sächlichen Substantive gibt, müssen Sie sich fast nicht um den sächlichen Artikel kümmern, da er nur in einigen Fällen gebraucht wird.

Lo wird verwendet:

~ **Lo** fácil del español es la pronunciación. ≈ Sí, en francés no es **lo** mismo. **Lo** primero es buscar un hotel.	– *um Substantive aus anderen Worten zu machen.*
Me sorprende **lo** inteligente que eres y **lo** bien que sabes cantar.	– *um bei Adjektiven oder Adverbien den Grad auszudrücken. **Lo** bedeutet auf Deutsch „wie + Adjektiv".*
A **lo** mejor no terminaremos por **lo** pronto.	– *in bestimmten festen Ausdrücken.*
Por favor, envíenos los datos **lo** más pronto posible.	– *in der Konstruktion **lo más/menos** + Adverb + **posible** und bedeutet „so + Adverb + wie möglich".*
~ No me gusta **lo del** viaje con mis padres. Es que **lo de** visitar museos con ellos es demasiado. Y tú, ¿adónde vas? ≈ Nada, **lo de** siempre, al lago con mis abuelos.	– *mit **de** + Substantiv, Infinitiv oder Adverb und bedeutet „die Sache mit", „die Idee" usw.* *Mit **lo de** spricht man über ein bekanntes Thema oder eine bekannte Situation.*
¡**Lo que** dices es increíble! Deme **lo que** tiene y dígame **todo lo que** sabe.	– *in Verbindung mit **que** + Verb und wird mit „(das,) was" übersetzt.*

Das Adjektiv

~ ¿Conoces a un escritor **latinoamericano?**

≈ Sí, conozco al escritor **colombiano** García Márquez. Sus novelas me parecen **excelentes.**

~ Pero, ¿no son **difíciles** sus libros?

≈ Bueno, sí, a veces son **complicados.**

~ Kennst du einen lateinamerikanischen Schriftsteller?

≈ Ja, ich kenne den kolumbianischen Schriftsteller García Márquez. Seine Romane finde ich hervorragend.

~ Aber sind seine Bücher nicht schwierig?

≈ Nun ja, manchmal sind sie kompliziert.

Die Angleichung der Adjektive

Juan es un chico **boliviano guapo** e **inteligente.** Lleva una chaqueta **blanca,** unos pantalones **blancos** y zapatos **blancos.**

Das Adjektiv ist ein Begleiter des Substantivs und beschreibt dessen Eigenschaften. Es richtet sich in Geschlecht und Zahl nach dem Substantiv, das es näher bestimmt.

weiblich		
Einzahl	**la** chaqueta	blanc**a**
Mehrzahl	**las** chaquetas	blanc**as**

Ist das Substantiv weiblich, so verwendet man die weibliche Form des Adjektivs in der Einzahl bzw. in der Mehrzahl.

männlich		
Einzahl	**el** zapato	blanc**o**
Mehrzahl	**los** zapatos	blanc**os**

Ist das Substantiv männlich, so verwendet man die männliche Form des Adjektivs in der Einzahl bzw. in der Mehrzahl.

Ana lleva un **sombrero** y un **vestido** blanc**os.**

Juan lleva **chaqueta** y **corbata** blanc**as.**

Bezieht sich ein Adjektiv auf mehrere Substantive, so verwendet man die männliche Form in der Mehrzahl bei männlichen Substantiven und die weibliche Form in der Mehrzahl bei weiblichen Substantiven.

Juan lleva **chaqueta, pantalones** y **zapatos** blanc**os.**

Bezieht sich ein Adjektiv auf zwei oder mehrere Substantive verschiedenen Geschlechts, verwendet man in der Regel die männliche Form in der Mehrzahl.

La chaquet**a** es blanc**a** y **los** pantalon**es** y **los** zapat**os** también **son** blanc**os.** Pero la **blusa,** la **falda** y los **calcetines son** negr**os.**

Diese Übereinstimmung gilt auch dann, wenn ein Verb wie ser, estar oder parecer zwischen Substantiv und Adjektiv steht.

17

Die weibliche Form der Adjektive

Die weibliche Form der Adjektive wird wie folgt gebildet:

männlich		weiblich	
un chico	guap**o**	una chica	guap**a**
un pueblo	tranquil**o**	una ciudad	tranquil**a**
un hotel	pequeñ**o**	una casa	pequeñ**a**

– *Adjektive, deren männliche Formen auf -o enden, bilden die entsprechenden weiblichen Formen auf -a. Zu dieser Gruppe gehören die meisten Adjektive.*

männlich		weiblich	
un chico	trabaja**dor**	una chica	trabaja**dora**
un chico	holgaz**án**	una chica	holgaz**ana**
un perro	pequeñ**ín**	una perra	pequeñ**ina**
un gato	dormil**ón**	una gata	dormil**ona**

– *Adjektive, die auf -dor, -án, -ín und -ón enden, bilden die weiblichen Formen durch Anhängen von -a:*
-dor → *-dora,*
-án → *-ana,*
-ín → *-ina,*
-ón → *-ona.*

männlich		weiblich	
un final	feli**z**	una vida	feli**z**
un ejercicio	fáci**l**	una lección	fáci**l**
un día	agradabl**e**	una tarde	agradabl**e**
un periódico	árab**e**	una revista	árab**e**

– *Alle anderen Adjektive, die auf Konsonant oder -e enden, haben die gleiche Form für männliche und weibliche Adjektive.*

Nationalitätsadjektive, deren männliche Formen auf Konsonant enden, bilden die entsprechenden weiblichen Formen durch Anhängen von -a.

el vino	franc**és**	→	la canción	franc**esa**
el idioma	catal**án**	→	la crema	catal**ana**
el libro	españo**l**	→	la cocina	españo**la**
el chico	andalu**z**	→	la chica	andalu**za**

---

männlich		weiblich	
el coche	belg**a**	la fábrica	belg**a**
el vestido	lila	la blusa	lila
el hombre	optim**ista**	la mujer	optim**ista**
el embajador	israel**í**	la embajadora	israel**í**
el idioma	hind**ú**	la religión	hind**ú**

– *Adjektive, die auf -a, -ista, -í oder -ú enden, haben für männliche und weibliche Adjektive die gleiche Endung.*

18

Die Mehrzahl der Adjektive

Zum Glück gelten für die Mehrzahlbildung der Adjektive die gleichen Regeln wie für die Substantive.

el hombre	simpático	los hombres	simpáticos	*Endet ein Adjektiv auf*	
la mujer	simpática	las mujeres	simpáticas	*Vokal, z. B. auf -o, -a oder*	
la mujer	trabajadora	las mujeres	trabajadoras	*-e, fügt man in der Mehr-*	
la chica	española	las chicas	españolas	*zahl ein -s hinzu.*	
la ciudad	grande	las ciudades	grandes		
el hombre	canadiense	los hombres	canadienses		

el ejercicio	fácil	los ejercicios	fáciles	*Endet ein Adjektiv auf*
la lección	difícil	las lecciones	difíciles	*Konsonant, fügt man in*
el periódico	español	los periódicos	españoles	*der Mehrzahl -es hinzu.*
el libro	portugués	los libros	portugueses	*Bei -án und -és entfällt*
el plato	catalán	los platos	catalanes	*dabei der Akzent.*

Nieves es feliz.	Enrique y Nieves son felices.	*Endet ein Adjektiv auf -z, wird dieser Buchstabe in der Mehrzahl zu -ces.*

el deportista iraní	los deportistas iraníes	*Endet ein Adjektiv auf be-*
la ciudad hindú	las ciudades hindúes	*tontem -í oder -ú, bildet es die Mehrzahl durch Anhän-gen von -es.*

Bei einigen Adjektiven haben Sie es ganz einfach, da sie in der Mehrzahl unveränder-lich sind.
*Dies ist bei einigen Farben der Fall, die von einem Substantiv abstammen, z. B. **lila, naranja, rosa** und **violeta**.*

≈ ¿Te gustan los coches **rosa**?   ~ No, a mí me gustan los coches **naranja**.

*Auch wenn **claro** oder **oscuro** oder ein Substantiv zur näheren Beschreibung in Verbindung mit einer Farbe auftreten, ist das Farbadjektiv unveränderlich.*

Lola lleva unos pantalones **azul oscuro** y unos zapatos **rojo claro**.
Ana lleva una falda **verde oscuro** y una blusa **rojo claro**.
María lleva una falda **azul rey**, una blusa **rojo vino** y un pañuelo **amarillo limón**.

Die Stellung der Adjektive

~ Los vinos **tintos chilenos** son fantásticos.
≈ ¿Conoces muchas marcas de vinos **chilenos?**
~ Bueno, tantas marcas no, pero los pocos vinos **chilenos** que conozco son vinos **excelentes.**

Adjektive, die bei einem Substantiv stehen, werden in der Regel nachgestellt. Farben und Nationalitätsbezeichnungen stehen immer hinter dem Substantiv, auf das sie sich beziehen.

Einige Adjektive stehen vor dem Substantiv:

Tengo **mucho** dinero.
Tengo **poco** dinero.
No tengo **tanto** dinero.

– mucho, poco und tanto.

Camarero, ¡tráigame **otra** botella!

– otro und medio.

Gewiss erinnern Sie sich noch daran, dass der unbestimmte Artikel vor otro und medio entfällt.

Pilar habla por teléfono con sus amigas **todo** el día, aunque las ve **todos** los días.

– todo.

Vergessen Sie nicht, dass der bestimmte Artikel zwischen todo und dem Substantiv steht.

¡Qué **rica** ensalada!

– Ausrufe mit ¡Qué + Adjektiv + Substantiv!

¡Es una **estupenda** receta!

– Adjektive mit deren Hilfe Sie eine persönliche Bewertung besonders hervorheben möchten.

Die Verkürzung einiger Adjektive

No hay un **vino** chileno **malo**.
El **mal vino** me da dolor de cabeza.

Einige männliche Adjektive verlieren ihre Endung -o, wenn sie in der Einzahl vor einem männlichen Substantiv stehen. Stehen sie hinter dem Substantiv, dann behalten sie ihre Endung.

Éste es un **buen** ejemplo.
Jorge es un **mal** amigo.
¿Hay **algún** banco por aquí?
No, no hay **ningún** banco por aquí.
Vivo en el **primer** piso.
Vivo en el **tercer** edificio.

Dies ist der Fall bei:

bueno	→	**buen**
malo	→	**mal**
alguno	→	**algún**
ninguno	→	**ningún**
primero	→	**primer**
tercero	→	**tercer**

Die Verkürzung erfolgt nur bei männlichen Adjektiven in der Einzahl. Steht das Adjektiv in der Mehrzahl oder wird die weibliche Form verwendet, kommt es zu keiner Verkürzung, z. B. los buen**os** ejemplos   la primer**a** cosa

Und noch ein kleiner Trick: Steht das Adjektiv allein, d. h. ohne Substantiv oder nach dem Substantiv, dann kommt das -o wieder zum Vorschein.

~ ¿Hay **algún** banco por aquí?
≈ No, **ninguno**.

~ Esteban es un **mal** amigo.
≈ ¿**Malo**? ¿Por qué?
~ Creo que es un hombre **malo**.

~ La Mona Lisa es una **gran** obra de arte.
 Leonardo es un **gran** artista.
≈ Pero no es un cuadro **grande**, ¿verdad?

Grande wird vor männlichen und weiblichen Substantiven in der Einzahl zu gran verkürzt.

Grande verändert seine Bedeutung. Wird es vorangestellt, ist es mit „großartig" zu übersetzen. Nachgestellt bedeutet es „groß".

un **gran** cuadro
un cuadro **grande**

ein großartiges Gemälde
ein großes Gemälde

Außer grande gibt es noch weitere Adjektive, deren Bedeutung sich je nach ihrer Stellung ändert, z. B. bueno, joven, nuevo, viejo, pobre, mismo und cierto.

Juan es un **buen** amigo.
Es una persona **buena**.

Juan ist ein guter Freund.
Er ist eine gutmütige Person.

Die Stellung von mehreren Adjektiven

José es un amigo **español guapo** y **simpático**.
Mario es **otro viejo** amigo **español guapo** y **simpático**.

*Beziehen sich mehrere Adjektive auf ein Substantiv, so stehen sie meist hinter diesem, mit Ausnahme von **mucho, poco, todo** usw., die immer vorangestellt werden.*

Das Adjektiv, das sinngemäß enger mit dem Substantiv verbunden ist, wird zuerst genannt:

una iglesia **protestante** barroca

un estudio **psicológico** interesante

Éste es un **estupendo** libro **policíaco inglés**.
Ésta es una **estupenda** y **fácil** receta **casera** del pastel de queso.

Will der Sprecher/die Sprecherin eine oder zwei Eigenschaften besonders hervorheben, so platziert er/sie die entsprechenden Adjektive vor dem Substantiv. Die restlichen Adjektive stehen hinter dem Substantiv.

Vergleich und Steigerung der Adjektive

Susana y Lola son **más** guapas **que** María.
María es **menos** inteligente **que** Susana.
No, yo creo que María es **tan** inteligente y **tan** guapa **como** Susana.
¡Qué va! Yo creo que Susana es **la** chica **más** inteligente y **la más** bonita **de** todas las chicas del pueblo.

Susana und Lola sind hübscher als María.
María ist weniger intelligent als Susana.
Nein, ich glaube, dass María genauso intelligent und hübsch wie Susana ist.
Ach, was! Ich glaube, dass Susana das intelligenteste und hübscheste von allen Mädchen des Dorfes ist.

Der Vergleich

Beim Vergleichen kann man Überlegenheit, Unterlegenheit oder Gleichheit ausdrücken. Die Adjektive passen sich in Geschlecht und Zahl dem Substantiv an.

Die Ungleichheit wird gebildet mit Hilfe von:

Pepe	es	más	guapo	que	Luis.
Lola			guapa		Susana.
Estos chicos	son	menos	guapos		los otros.
Estas chicas			guapas		las otras.

– ***más*** + Adjektiv + ***que*** *(Überlegenheit „mehr als"),*
– ***menos*** + Adjektiv + ***que*** *(Unterlegenheit „weniger als").*

Pepe Lola	es		guapo guapa		Luis. Susana.
Estos chicos Estas chicas	son	tan	guapos guapas	como	los otros. las otras.

*Die Gleichheit wird mit **tan** + Adjektiv + **como** zum Ausdruck gebracht und mit „genauso wie" übersetzt.*

Der höchste Grad

Este chico Esta chica	es	el la	más	guapo guapa	del grupo.
Estos chicos Estas chicas	son	los las	menos	guapos guapas	

Wie Sie sehen, brauchen Sie nichts Neues zu lernen, um die höchste Steigerungsstufe zum Ausdruck zu bringen. Setzen Sie einfach den bestimmten Artikel vor die Vergleichsform.
*Das Bezugswort des Vergleichs wird mit **de** angeschlossen.*

Adjektive auf -ísimo

Lola es guap**ísima**.
Carlos es alt**ísimo**.
Estas chicas son inteligent**ísimas**.
Estos ejercicios son facil**ísimos**.

*Einen sehr hohen Grad einer Eigenschaft kann man ausdrücken, indem man **-ísimo** an das Adjektiv anhängt. Diese Form wird im Deutschen mit „sehr", „äußerst" wiedergegeben.*
Die Adjektive werden wie gewohnt in Geschlecht und Zahl dem Substantiv, auf das sie sich beziehen, angeglichen.

guap**o**	→ guap**ísimo**
inteligent**e**	→ inteligent**ísimo**
fácil	→ facil**ísimo**
difícil	→ dificil**ísimo**

*Adjektive werden auf **-ísimo** gebildet, indem bei Adjektiven, die auf Vokal enden, **-o**, **-a** oder **-e** wegfallen und stattdessen **-ísimo** angehängt wird.*
*Bei Adjektiven, die auf Konsonant enden, wird einfach die Endung **-ísimo** an das Adjektiv angehängt.*

Einige Adjektive verändern ihre Schreibweise damit ihre Aussprache erhalten bleibt. Sie verändern folgende Buchstaben:

blan**c**o	→ blan**qu**ísimo		c	→ qu
lar**g**o	→ lar**gu**ísimo		g	→ gu
feli**z**	→ feli**c**ísimo		z	→ c

23

*Adjektive, die sehr ausdrucksstark sind, z. B. **fantástico, enorme** usw., kennen die Form auf **-ísimo** nicht.*
***Malísimo** wird häufig durch das Adjektiv **pésimo** ersetzt.*

Unregelmäßige Steigerungsformen

Este libro es **bueno**, pero el anterior es **mejor**.	*Dieses Buch ist gut, aber das vorherige ist besser.*
Lourdes es **mayor** que Gloria, pero Gloria es **más grande**.	*Lourdes ist älter als Gloria, aber Gloria ist größer.*
Queremos una casa **mas pequeña** y un coche **más grande**.	*Wir wollen ein kleineres Haus und ein größeres Auto.*

Adjektiv	Komparativ	Superlativ
bueno	**mejor**	**el/la mejor**
malo	**peor**	**el/la peor**
grande	**mayor** más grande	**el/la mayor** el/la más grande
pequeño	**menor** más pequeño	**el/la menor** el/la más pequeño

***Grande** und **pequeño** haben sowohl eine unregelmäßige als auch eine regelmäßige Steigerungsform.*
*Bei Personen bedeuten die unregelmäßigen Formen von **grande** und **pequeño** „älter/jünger" **(mayor/menor)** bzw. „der/die älteste"**(el/la mayor)** oder „der/die jüngste" **(el/la menor)**.*
*Die regelmäßigen Formen beziehen sich auf die Größe: „größer/kleiner" **(más grande/más pequeño)** bzw. „der/die größte"**(el/la más grande)**, „der/die kleinste" **(el/la más pequeño/pequeña)**.*

eine ältere Dame	una señora **mayor**	*ein größeres Haus*	una casa **más grande**
ein jüngerer Bruder	un hermano **menor**	*ein kleineres Auto*	un coche **más pequeño**

*Für die Körpergröße bei Personen stehen die Adjektive **alto** (groß) und **bajo** (klein) zur Verfügung.*

Mi hijo **mayor** es muy **alto**, mientras que mi hijo **menor** es bastante **bajo**.
*Mein **ältester** Sohn ist sehr **groß**, während mein **jüngster** Sohn ziemlich **klein** ist.*

1. Zuordnen

Welcher Artikel gehört zu welchem Substantiv? Ordnen Sie die angegebenen Substantive der entsprechenden Spalte zu.

hoteles	oficina	luna	libro
avión	problemas	ciudades	sombreros
mano	noches	habitaciones	libertad
Danubio	clima	coches	llaves

el	la	los	las
_____	_____	_____	_____
_____	_____	_____	_____
_____	_____	_____	_____
_____	_____	_____	_____

2. Anpassen

Ergänzen Sie die Endungen der Adjektive, wenn nötig.

1. No sé dónde están las gafas oscur_____.

2. Estos periódicos aleman____ son nuev_____ y tienen artículos interesant_____.

3. ¡Qué bonit_____ es Raquel Padilla! Es una chica muy guap_____.

4. ~ Sr. Pérez, ¿puedo ver su últim____ catálogo?

   ≈ Sí, claro. Es muy modern____. Tiene ofertas actual_____ y fotos muy bonit_____.

5. ~ Señorita, estos zapatos negr____, ¿están rebajad____?

   ≈ No, señor, pero los zapatos azul____ claro____ tienen un precio especial____.

3. Umformen

Wie lautet der Singular dieser Formen?

1. los días agradables   ➜ _____

2. las blusas azul claro   ➜ _____

25

3. los ejemplos fáciles   ➜ _____

4. los nuevos coches modernos   ➜ _____

5. los buenos vinos franceses   ➜ _____

6. las habitaciones dobles   ➜ _____

7. los primeros ejemplos   ➜ _____

4. Sehen und beschreiben

Schreiben Sie auf, welche Waren sich auf dem Flohmarkttisch befinden. Beschreiben Sie die Flohmarktartikel mit Hilfe der angegebenen Adjektive genauer.

En la mesa hay ...

① _____   interesante

② _____   original

③ _____   viejo

④ _____   blanco

⑤ _____   mucho

⑥ _____   poco

⑦ _____   bonito

⑧ _____   precioso

⑨ _____   barato

⑩ _____   grande

5. Auswählen

*Nun haben Sie die Qual der Wahl. Entscheiden Sie, ob eines der angegebenen **Wörter** oder **nichts** in die Lücken einzusetzen ist.*

| el | | la | | los | | las | | lo | | un | | una | | unos | | unas |

1. _____ señorita Luz es muy atractiva. Tiene _____ ojos verdes y _____ pelo negro.

2. ~ ¿Ya ha llegado _____ profesor Gómez?

   ≈ No, _____ jueves llega a _____ diez de _____ mañana. Creo que viene en _____ tren.

3. ¡Qué bien tocas _____ piano! En _____ otoño das _____ concierto, ¿verdad?

4. _____ prima de José tiene _____ 22 años, más o menos, y es muy simpática.

   ¿Por qué no la invitamos a _____ fiesta?

5. ¡Qué _____ mala suerte! Es muy tarde y tenemos que irnos en _____ otro autobús.

6. ~ Hola, Claudia, ¿qué tal? ¿Ya tienes _____ trabajo por fin?

   ≈ No, _____ del desempleo está terrible. Llevo meses sin nada.

7. ~ _____ señores Morales son _____ padres de Guillermo.

   ≈ Ah, ¡mucho gusto, _____ señores Morales! Yo soy _____ hijo de _____ doña Lola.

8. Vamos, Bertita, dile al doctor todo _____ que te duele.

9. ~ ¡Huy! ¿Desde cuándo tenéis _____ computadora?

   ≈ Desde _____ lunes. ¡Es _____ computadora muy moderna, _____ más nueva en el mercado!

10. ¡Camarero, _____ otra botella de _____ medio litro de vino, por favor!

11. En _____ verano bebo mucha agua mineral.

12. ~ ¿Te gusta _____ pescado?

    ≈ No, a mí me gusta más _____ carne.

13. ~ ¿A cuántos kilómetros está Zaragoza?

    ≈ Está a _____ 300 kilómetros de aquí, aproximadamente.

6. Ankreuzen

Schauen Sie sich die abgebildete Familie genau an und kreuzen Sie an, ob die Aussagen **richtig** *oder* **falsch** *sind.*

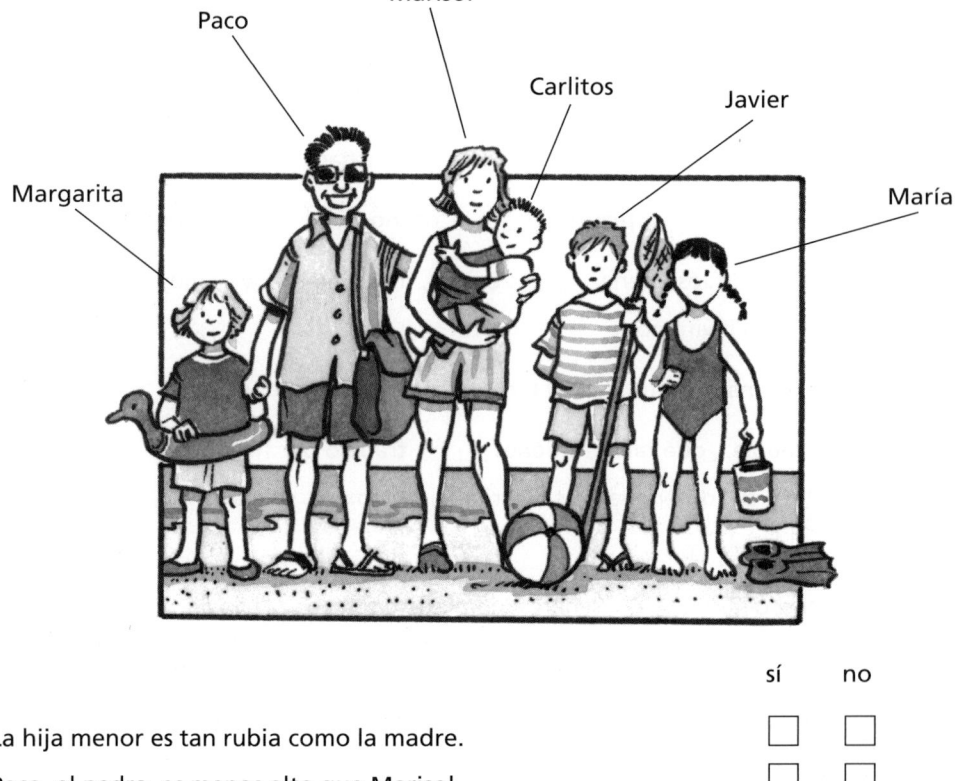

Paco

Marisol

Carlitos

Javier

Margarita

María

	sí	no
1. La hija menor es tan rubia como la madre.	☐	☐
2. Paco, el padre, es menos alto que Marisol.	☐	☐
3. El hijo menor se llama Carlitos.	☐	☐
4. La hija mayor se llama Margarita.	☐	☐
5. Carlitos tiene el pelo más corto que su hermano Javier.	☐	☐
6. Javier es tan serio como su hermana María.	☐	☐
7. La hija mayor tiene el pelo tan negro como su padre.	☐	☐
8. Margarita es la más alta de toda la familia.	☐	☐
9. Marisol lleva los pantalones más cortos de todos.	☐	☐

Das Adverb

Afortunadamente, **hoy** vamos a llegar **muy rápido** a la playa porque la carretera **no** está **tan** llena.

Glücklicherweise werden wir heute sehr schnell am Strand ankommen, da die Landstraße nicht so voll ist.

Im Spanischen gibt es ursprüngliche und von einem Adjektiv abgeleitete Adverbien. Adverbien geben an wann, wie, wo, auf welche Weise und ob überhaupt etwas passiert. Sie sind immer unveränderlich und bestimmen:

La profesora puede explicar **bien**.

– *ein Verb,*

El libro es **muy** interesante.

– *ein Adjektiv,*

Sabes nadar **muy** bien.

– *ein anderes Adverb,*

Naturalmente tengo hambre.

– *oder den ganzen Satz näher.*

Ursprüngliche Adverbien

Adverbien, die nicht von einem Adjektiv abgeleitet werden, nennt man ursprüngliche Adverbien. Sie lassen sich folgenden Gruppen zuordnen:

~ ¿Vamos al cine **hoy** o **mañana**?
≈ **Ahora** no lo sé, **luego** te lo digo.

Adverbien der Zeit sagen aus, wann etwas passiert.

~ El museo, ¿está **lejos**?
≈ No, no. Está **cerca**. ¿Lo ve? **Allí enfrente**, señor.

Adverbien des Ortes schildern, wo etwas passiert oder sich befindet.

~ Julia es **muy** inteligente.
≈ Es **demasiado** inteligente para mí, **sólo** habla de filosofía.

Adverbien der Menge oder des Grades sagen aus, wie stark oder schwach eine Eigenschaft ist oder mit welcher Intensität eine Handlung ausgeführt wird.

~ **Así** lo haces **bien**.
≈ No lo creo. Pienso que lo hago **mal**.

Adverbien der Art und Weise schildern, wie etwas vor sich geht.

~ Pepe **ya no** va a nadar, ¿verdad?
≈ **No**, pero yo **sí**. **Quizá** voy mañana.

Es gibt auch Adverbien der Verneinung, der Bejahung und der Vermutung.

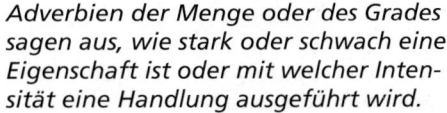

Abgeleitete Adverbien auf -mente

~ Quiero viajar sola, **tranquilamente** ...
≈ Claro, pero **naturalmente**, viajar así es más caro, ¿no?
~ Sí, **probablemente**.

~ Ich möchte alleine reisen, in aller Ruhe ...
≈ Klar, aber natürlich ist so zu reisen teurer, nicht wahr?
~ Ja, wahrscheinlich.

Adjektiv	Adverb
tranquilo	→	**tranquila**mente
natural	→	**natural**mente
probable	→	**probable**mente

Die Adverbien, die von einem Adjektiv abgeleitet werden, nennt man abgeleitete Adverbien.
Sie werden gebildet, indem man an die weibliche Form des Adjektivs die Endung **-mente** anhängt.
Hat das Adjektiv nur eine Form, ergänzt man diese mit **-mente**.

Einige Adverbien sind unregelmäßig:

María es una **buena** cantante.
María es una **mala** cocinera.

María canta **bien**.
María cocina **mal**.

bueno	→	**bien**
malo	→	**mal**

Wird ein Verb, Adjektiv oder Satz durch zwei oder mehrere Adverbien, die von einem Adjektiv abgeleitet werden näher bestimmt, dann erhält nur das letzte Adverb die Endung -mente.
Die anderen Adverbien werden durch die weibliche Form des Adjektivs zum Ausdruck gebracht, falls sie sich von der männlichen unterscheidet.

De aquí se llega a la estación **fácil**, **cómoda** y **rápidamente**.

Adjektive als Adverbien

~ Silvia, ¡ven **rápido**! ¿Ya sabes que Víctor vuelve **pronto** a casa?
≈ ¿Qué? ¡Pepa, habla más **alto**, que no te oigo! ¿No puedes hablar más **claro?**

~ Paco, ¿te gusta tu casa nueva?
≈ Sí, me gusta **mucho**.
~ Y los vecinos, ¿qué tal?
≈ Me interesan **poco** y tampoco me gustan **mucho**.

Einige männliche Adjektive können als Adverbien gebraucht werden und sind unveränderlich.
Dazu zählen:
***rápido, pronto, alto, claro, mucho** und **poco**.*

30

Señor, por favor, ¡conduzca **rápido**, porque necesito llegar **rápidamente** a la estación! Es que mi tren sale en cinco minutos.

Mi madre **sólo** ve la tele los fines de semana porque **solamente** entonces tiene tiempo.

*Einige Adjektive, die auch als Adverbien gebraucht werden, wie z. B. **rápido** und **sólo**, besitzen außerdem noch eine abgeleitete Form auf -**mente**.*

Adjektiv oder Adverb?

Deutschsprachigen fällt es nicht immer leicht zu wissen, wann man ein Adjektiv und wann man ein Adverb benützt, da im Deutschen zwischen Adjektiv und Adverb häufig kein Unterschied zu erkennen ist:

*Der Film ist sehr **gut**.*   = *Adjektiv*
*Der Schauspieler spielt sehr **gut**.*   = *Adverb*

Im Spanischen hingegen unterscheidet sich das Adverb in der Regel vom Adjektiv.

La película es muy **buena**.   *Der Film ist sehr **gut**.*
El actor actúa muy **bien**.   *Der Schauspieler spielt sehr **gut**.*

*Wie Sie bereits wissen, bestimmen Adjektive ein Substantiv näher und richten sich in Geschlecht und Zahl nach diesem. Die Adjektive stehen entweder direkt bei dem Substantiv, auf das sie sich beziehen oder nach **ser, estar** oder **parecer**.*
Adverbien hingegen bestimmen ein Verb, Adjektiv, Adverb oder einen ganzen Satz und sind unveränderlich.

Die Stellung des Adverbs

Lulú es **muy** impuntual.
Siempre viene **tarde**.
Es que calcula **muy** mal su tiempo.

In der Regel stehen Adverbien nach dem Verb, vor dem Adjektiv und vor dem Adverb.

~ Éste es un trabajo **muy** interesante.
≈ Sí, pero es **bastante** difícil, ¿no?
~ No, a mí no me parece **tan** difícil.

***Muy, tan** und **bastante** müssen vor dem Adjektiv oder dem Adverb stehen.*

Señores, la competencia trabaja **mucho**. Creo que nosotros no trabajamos **tanto**. Eso me parece **mal**. Para hablar **claro**: Tenemos que mejorar **pronto** y hacer **bien** las cosas.

***Mucho, tanto, bien, mal** und die Adverbien in Adjektivform (**claro, pronto** usw.) stehen nach dem Verb.*

Bei den meisten Adverbien haben wir
mehr Spielraum.
Wahlweise stehen sie:

Ahora solamente hacemos un viaje corto. | – *am Satzanfang oder am Satzende*
Hacemos un viaje corto **ahora solamente.**
Ahora hacemos un viaje corto **solamente.**
Solamente hacemos un viaje corto **ahora.**

Ahora hacemos **solamente** un viaje corto. | – *oder nach dem Verb.*
Solamente hacemos **ahora** un viaje corto.

Sie müssen nur darauf achten, dass die
Adverbien nie eine Verbeinheit unter-
brechen, z. B.:

He trabajado **poco.** | – *Hilfsverb und Partizip, z. B. **he hecho,***
*   **has comido,***

Hasta ahora Pepe no sabe nadar **bien.** | – *Modalverb, z. B. **saber, poder, querer,***
Podemos hacer **ahora solamente** un viaje | *   **deber** + Infinitiv,*
corto.

Mañana voy a estudiar **mucho.** | – *__ir a__ + Infinitiv und **tener que** + Infinitiv*
Tengo que irme **pronto.** | *usw.*

Adverbiale Ausdrücke

~ Yo voy a nadar **con frecuencia.** | *Manchmal können deutsche Adverbien*
≈ Yo también. Voy **por lo menos dos** | *nicht durch ein Adverb, sondern durch*
veces por semana, los lunes y **los** | *einen **adverbialen Ausdruck** wiederge-*
jueves. | *geben werden.*

Zu den adverbialen Ausdrücken zählen u. a.:

a menudo	a veces	con tranquilidad	en resumen
a propósito	al contado	de inmediato	en silencio
a tiempo	con alegría	de memoria	por completo
a todas horas	con frecuencia	de verdad	por todas partes

Vergleich und Steigerung mit más, menos, tan und tanto

Vergleich und Steigerung von Adverbien

Juan corre **más rápido** que Paco.
Paco corre **menos rápido** que Juan.
Pedro corre **tan rápido** que Juan.

Juan rennt schneller als Paco.
Paco rennt langsamer als Juan.
Pedro rennt so schnell wie Juan.

Der Vergleich

Tú trabajas **más eficientemente que** yo.
Trabajas **menos lentamente que** yo.
Pero yo hablo inglés **tan bien como** tú y
    trabajo **más que** tú.

Adverbien lassen sich wie Adjektive
steigern und vergleichen.
Anders als Adjektive sind sie unveränderlich.

Beim Vergleichen kann man Überlegenheit, Unterlegenheit oder Gleichheit ausdrücken.

Die Ungleichheit wird gebil-
det mit Hilfe von:

Esta sopa se cocina	más	fácilmente	que	la otra.
	menos	rápido		

- *más + Adverb + que*
  (Überlegenheit),
- *menos + Adverb + que*
  (Unterlegenheit).

Yo trabajo **mucho,** pero Pepe trabaja **más.**
Yo estoy **mal,** pero Pepe está **peor.**

Ich arbeite viel, aber Pepe arbeitet mehr.
Mir geht es schlecht, aber Pepe geht es
    schlechter.

Auch bei den Adverbien gibt es einige
wenige unregelmäßige Vergleichsformen:

Trabajo	más	que	el jefe.
	menos		tú.
	mejor		
	peor		

mucho	→	*más*
poco	→	*menos*
bien	→	*mejor*
mal	→	*peor*

Vivimos	tan	cómodamente	como	antes.
Juan corre		rápido		Manuel.

*Die Gleichheit wird mit **tan** + Adverb + **como** gebildet.*

*Stellt man einen Vergleich mit **mucho** an, so lautet die korrekte Form: **tanto ... como.***

Trabajo **tanto como** el jefe.

Der höchste Grad

Nicolás es **el que** corre **más rápido**.
Es **el (chico) que** entrena **más**.

Nicolás rennt am schnellsten.
Er ist der (Junge), der am meisten trainiert.

Nicolás	es	el (chico)	que	corre	más	rápido	del grupo.
María		la (chica)					
Mis hijos	son	los (chicos)		corren	menos		
Mis hijas		las (chicas)					

*Der Superlativ des Adverbs wird mit Hilfe eines Relativsatzes sowie mit **más** und **menos** gebildet.*
*Das Bezugswort des Vergleichs wird mit **de** angeschlossen.*

Adverbien auf -ísimo

Trabajamos **muchísimo**.

Wir arbeiten sehr viel.

Juan Manuel pone **altísimo** la radio.
La jefa explica **clarísimo** las cosas.
Los clientes necesitan **prontísimo** estos
   productos.
Las chicas corren **rapidísimo**.

*Die Endung **-ísimo** wird nur bei Adverbien mit Adjektivform verwendet, z. B. **rápido, pronto, alto, claro**, um den höchsten Grad der Steigerung zum Ausdruck zu bringen.*
*Die Form mit **-ísimo** ist bei Adverbien unveränderlich.*

*Eine Ausnahme bildet das Adverb **sólo**, da es keine Form mit **-ísimo** bilden kann.*

Yo quiero **sólo** descansar.

Vergleich von Substantiven

Der Vergleich

Lola tiene **más amigos que** yo.
Yo tengo **menos amigos que** Lola.
Quiero tener **tantos amigos como** ella.

Lola hat mehr Freunde als ich.
Ich habe weniger Freunde als Lola.
Ich möchte so viele Freunde wie sie
  haben.

Yo tengo		dinero		
Pepe tiene	**más**	suerte	**que**	tú.
Lola tiene	**menos**	amigos		
Vamos a		fiestas		

Substantive vergleicht man ebenfalls mit
***más** + Substantiv + **que** (Überlegenheit),*
***menos** + Substantiv + **que** (Unterlegenheit).*
Das Bezugswort des Vergleichs wird mit
***que** angeschlossen.*

Yo tengo	**tanto**	dinero		
Pepe tiene	**tanta**	suerte	**como**	tú.
Lola tiene	**tantos**	amigos		
Vamos a	**tantas**	fiestas		

Um die Gleichheit bei Substantiven zum
Ausdruck zu bringen, verwendet man
***tanto** + Substantiv + **como**.*
***Tanto** ist vor Substantiven veränderlich!*
Das Bezugswort des Vergleichs wird mit
***como** angeschlossen.*

Die höchste Stufe

Pepe		**el**		tiene	**más**			
María	es	**la**	**que**			suerte	**de**	todos.
Los chicos		**los**		tienen	**menos**			
Las chicas	son	**las**						

Die höchste Stufe des Ver-
gleichs bei Substantiven
erfolgt wie bei Adverbien
mit Hilfe eines Relativ-
*satzes sowie mit **más***
*und **menos** + Substantiv*
*+ **de**.*

Vergleich bei Zahlen und Mengen

Esto cuesta **más de** 100 euros.
Yo puedo pagar **menos de** la mitad.

Dieses kostet mehr als 100 Euros.
Ich kann weniger als die Hälfte bezahlen.

más	**de**	cien
menos		la mitad

Bei Zahlen- und Mengenangaben wird
*das Bezugswort des Vergleichs mit **de***
angeschlossen.

1. Erinnern

*Wie lauten die **Adverbien**, die zu den folgenden Adjektiven gehören?*

1. bueno   → _____

2. alegre   → _____

3. tranquilo   → _____

4. malo   → _____

5. natural   → _____

2. Erkennen

*Adjektiv oder Adverb? Kreuzen Sie an, ob es sich um ein **Adjektiv** oder um ein **Adverb** handelt.*

En una oficina.

	Adjektiv	Adverb
1. ~ **Buenos** días, Srta. Perea.		
2. ¿Está **aquí** el Sr. Salgado?		
3. **Sólo** traigo estos papeles para él.		
4. ≈ No, **lamentablemente** no está, pero vuelve **pronto**.		
5. Está en una reunión **urgente**.		
6. Yo le doy los papeles **personalmente**.		
7. ~ Está **bien**, **muchas** gracias.		
8. ≈ Señores, **afortunadamente** este año ha sido un **buen** año para la compañía.		
9. Hemos tenido **pocos** problemas y los clientes han reclamado **poco** también.		

3. Einsetzen

*Setzen Sie **muy, mucho** oder **mucho, mucha, muchos, muchas** ein.*

1. Dos ex-compañeras de la escuela se encuentran en la calle después de
    _____ tiempo.

    ~ ¡Cristina! ¿Qué tal? ¿Qué sabes de los compañeros del instituto?

2. ≈ Pues, José Luis es director de banco. Trabaja _____ , incluso los fines de
    semana hace _____ horas extra.

3. ~ Claro. Ser _____ importante significa tener _____ trabajo. ¿Y Rocío?

4. ≈ Rocío, que es ama de casa, organiza _____ actividades para sus hijos.

5. ~ ¡ _____ bien! ¿Sabes algo de Miguel?

6. ≈ Sí, Miguel está _____ enfermo, ha sufrido _____ operaciones.

7. ~ ¡Pobre! Ha tenido una vida _____ dura. ¡Qué pena! ¿Y de Laura ...?

8. ≈ Laura trabaja en una agencia de viajes _____ grande.
    Habla _____ idiomas y eso, claro, es _____ práctico para su trabajo.

    ~ ¿Y tú? ¿Trabajas cerca de aquí?

9. ≈ Sí, _____ cerca. Soy vendedora en la tienda "Maxx".
    Como es _____ céntrica, veo a _____ gente.

4. Vergleichen

Vergleichen Sie die angegebenen Dinge oder Personen.

1. Enrique canta muy bien. / Pepe canta bien.

    Enrique _____

2. El vino blanco no es bueno. / El vino tinto es muy bueno.

    El vino blanco _____

3. María gana 50.000 pts al mes. / Pepa gana 70.000 pts al mes. / Juan gana 60.000 pts al mes.

    María _____

4. Carlos trabaja 40 horas a la semana. / Javier trabaja 40 horas a la semana.

    Carlos _____

5. El japonés es muy difícil. / El inglés no es muy difícil.

    El japonés _____

Die Possessivpronomen

~ **Mi** computadora trabaja con el programa Word. ¿Y **la tuya**?
≈ **La mía** también. Todas las computadoras de **nuestra** oficina trabajan con ese programa.

~ *Mein Computer arbeitet mit dem Programm „Word". Und deiner?*
≈ *Meiner auch. Alle Computer unseres Büros arbeiten mit diesem Programm.*

Im Spanischen gibt es unbetonte Possessivpronomen, die immer vor einem Substantiv stehen, und betonte Possessivpronomen, die alleine stehen können oder ein Substantiv besonders bekräftigen.

Unbetonte Possessivpronomen

Besitzer / Besitz	Einzahl		Mehrzahl	
yo	mi	↗coche ↘casa	mis	↗coches ↘casas
tú	tu	↗coche ↘casa	tus	↗coches ↘casas
él ella usted	su	↗coche ↘casa	sus	↗coches ↘casas
nosotros nosotras	nuestro nuestra	coche casa	nuestros nuestras	coches casas
vosotros vosotras	vuestro vuestra	coche casa	vuestros vuestras	coches casas
ellos ellas ustedes	su	↗coche ↘casa	sus	↗coches ↘casas

Die unbetonten Possessivpronomen, die immer vor einem Substantiv stehen, richten sich in Geschlecht und Zahl nach dem Besitz. Sie werden verwendet, um einen Besitz oder ein Zugehörigkeitsverhältnis wiederzugeben.

Su, sus

~ ¿Es	de Mario de Lola de usted de los chicos de las chicas de ustedes	este bolígrafo?

≈ Sí, creo que es **su** bolígrafo.

~ Sí, es	de él. de ella. de usted. de ellos. de ellas. de ustedes.

*Für **él, ella, usted, ellos, ellas** und **ustedes** gibt es für einen Besitz in der Einzahl nur das Possessivpronomen su und für einen Besitz in der Mehrzahl sus.*
*Aus diesem Grund haben **su** und **sus** viele Bedeutungen.*
***Su** wird mit „sein, ihr, Ihr" ins Deutsche übersetzt und **sus** bedeutet „seine, ihre" und „Ihre".*

~ ¿Son éstas **sus** maletas?
≈ Son las maletas **de él/Juan**, pero no las **de ella/María.**

~ ¿Son éstas las maletas **de Juan?**
≈ Sí, son **sus** maletas.

*Wie Sie sehen, lässt sich die jeweilige Bedeutung in der Regel mühelos aus dem Kontext erschließen. Wenn der Sprecher bzw. die Sprecherin es wünscht, kann er/sie jedoch jederzeit das Besitzverhältnis bzw. die Zugehörigkeit klarstellen. Der Sprecher bzw. die Sprecherin verwendet einfach die Konstruktion **de** + Substantiv/Personalpronomen anstelle von **su** oder **sus.***

Bei Körperteilen oder Kleidungsstücken verwendet man im Spanischen im Gegensatz zum Deutschen in der Regel den bestimmten Artikel anstelle des Possessivpronomens.

Me pongo **el** saco gris.	*Ich ziehe **meine** graue Jacke an.*
Me duele **el** brazo.	***Mein** Arm tut mir weh./Mir tut **mein** Arm weh.*

Betonte Possessivpronomen

Formen

Estos son mis libros y no los **tuyos.**	*Dies sind meine Bücher und nicht deine.*
~ ¿De quién son estos documentos?	*~ Wem gehören diese Dokumente?*
≈ Son **nuestros.**	*≈ Das sind unsere.*
María, ¿es una amiga **vuestra?**	*Ist María eine eurer Freundinnen?*
¡Dios **mío**!	*Mein Gott!*

39

Besitz / Besitzer	Einzahl männlich	weiblich	Mehrzahl männlich	weiblich
yo	mío	mía	míos	mías
tú	tuyo	tuya	tuyos	tuyas
él ella usted	suyo	suya	suyos	suyas
nosotros nosotras	nuestro	nuestra	nuestros	nuestras
vosotros vosotras	vuestro	vuestra	vuestros	vuestras
ellos ellas ustedes	suyo	suya	suyos	suyas

Die betonten Possessivpronomen, die alleine oder hinter einem Substantiv stehen können, richten sich in Geschlecht und Zahl nach dem Besitz.
Sie haben verschiedene Endungen für männliche und weibliche Besitztümer in der Ein- und Mehrzahl.

Gebrauch

Man verwendet die betonten Possessivpronomen:

~ ¿De quién es esta computadora?
≈ Es **mía**.

– *anstelle des Substantivs nach dem Verb* **ser**.

~ Mi **computadora** es muy moderna.
≈ **La mía** no.

– *mit dem bestimmten Artikel, wenn das Substantiv, das den Besitz oder die Zugehörigkeit bezeichnet, ersetzt wird.*

~ ¿Quién es este chico?
≈ Es **un** amigo **mío**.

– *mit dem unbestimmten Artikel + Substantiv, wenn eine oder einer von mehreren gemeint ist.*

Esos son amigos **tuyos,** no **míos**.

– *nach dem Substantiv, wenn man das Zugehörigkeitsverhältnis bzw. Besitzverhältnis besonders bekräftigen möchte.*

¡Amigos **míos**! ¡Qué alegría!
¡**Hijos míos**!

– *in einigen häufig gebrauchten Ausrufen.*

Die Demonstrativpronomen

~ ¿Cuál coche te gusta más, **este** o **ese?**

~ *Welches Auto gefällt dir besser, dieses oder das da?*

≈ A mí me encanta **aquel** coche rojo.

≈ *Mir gefällt jenes rote Auto sehr gut.*

Je nachdem, in welchem räumlichen, zeitlichen oder geistigen Verhältnis sich der Sprecher bzw. die Sprecherin und der bezeichnete Gegenstand oder die Person befinden, verwendet man unterschiedliche Demonstrativpronomen.

---

	männlich		weiblich	
Einzahl	este	coche	esta	casa
Mehrzahl	estos	coches	estas	casas

Este, esta, estos und estas werden verwendet, wenn man über Sachen oder Personen spricht, die sich beim Sprecher bzw. der Sprecherin befinden.

	männlich		weiblich	
Einzahl	ese	coche	esa	casa
Mehrzahl	esos	coches	esas	casas

Ese, esa, esos und esas werden verwendet, wenn man über Sachen oder Personen spricht, die sich in der Nähe des/der Angesprochenen befinden.

	männlich		weiblich	
Einzahl	aquel	coche	aquella	casa
Mehrzahl	aquellos	coches	aquellas	casas

Aquel, aquella, aquellos und aquellas werden verwendet, wenn man über Sachen oder Personen spricht, die sich weder in der Nähe des Sprechers/der Sprecherin noch in der Nähe des/der Angesprochenen befinden.

Die Demonstrativpronomen können einen Akzent tragen, wenn sie das Substantiv ersetzen und alleine stehen. ~ Me gusta este coche. ≈ ¿Cuál? **¿Éste?** ~ No, **ése.**

---

esto – eso – aquello

Esto no lo entiendo.
¡Eso es mentira!
¿Te acuerdas de **aquello?**

Dies verstehe ich nicht.
Das ist eine Lüge!
Erinnerst du dich an jenes?

~ ¿Qué es **esto?**
≈ **Esto** es una máquina para hacer helado.

Eso es todo.

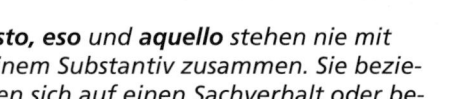

Esto, eso und aquello stehen nie mit einem Substantiv zusammen. Sie beziehen sich auf einen Sachverhalt oder bezeichnen eine Sache, die definiert wird.

Die unbestimmten Pronomen

algo – nada

~ Te pasa **algo**, ¿verdad?
≈ ¡Qué va! **No** me pasa **nada**.

Este lugar no me gusta **nada**.

Algo (etwas) und nada (nichts, überhaupt nichts) werden für Sachen verwendet. Steht nada nach einem Verb, so muss no davor stehen.

alguien – nadie

~ ¿Hay **alguien** aquí?/
¿Has visto a **alguien**?
≈ No, no veo a **nadie**.

No le doy el libro a **nadie**.

*Alguien (jemand) und nadie (niemand) werden für Personen verwendet.
Werden alguien oder nadie als Akkusativ- oder Dativobjekte verwendet, steht die Präposition a davor.
Steht vor nadie ein Verb, so muss vor diesem Verb no stehen.*

alguno – ninguno

~ ¿Tienes **algunos** sellos?
≈ No, no tengo **ninguno**.

~ ¿Hay **alguna** película buena?
≈ Sí, hay **algunas** que parecen interesantes.
~ Pues a mí **ninguna** me apetece.

*Alguno, -a, -os, -as und ninguno, -a, -os, -as sind veränderlich und beziehen sich auf Sachen oder Personen.
Sie richten sich in Geschlecht und Zahl nach dem Substantiv, vor dem sie stehen oder das sie ersetzen.
Alguno, alguna wird ins Deutsche mit „irgendein(e, r, s)" übersetzt, während algunos, algunas „einige, ein paar" bedeutet.
Ninguno wird fast nur in der Einzahl verwendet und bedeutet „kein(e, r, s)".*

Wenn **alguno** bzw. **alguna** nicht erwähnt werden, z. B. in der Frage, dann wird das deutsche „kein" in der Regel mit **no** übersetzt.

~ ¿Tienes dinero?
≈ No, **no** tengo dinero.

~ ¿Puede venir **alguno del** grupo?
≈ No, no quiere ir **ninguno de** nosotros.

~ ¿Piensa comprar **alguna de** estas casas?
≈ No sé, no me convence **ninguna de** ellas.

~ ¿Tiene **algún** problema?
≈ No, no tengo **ningún** problema.
 Ninguno, de verdad.

Alguno de + Artikel + Substantiv/Pronomen = „eine(r, s) von/aus"

Ninguno de + Artikel + Substantiv/Pronomen = „keine(r, s) von/aus"

*Vor männlichen Substantiven in der Einzahl werden **alguno** und **ninguno** zu **algún** und **ningún** verkürzt.*

cualquier – cualquiera

~ ¿Tienes **cualquier** diccionario?
 Cualquiera me sirve.

≈ ¿**Cualquiera** puede venir a la fiesta?
~ Sí, puedes invitar **a cualquiera**.

Cualquier ist unveränderlich und wird fast ausschließlich in der Einzahl verwendet. Es bedeutet „jede(r, s), irgendein(e, r, s)".

*Ohne Substantiv, verwendet man die Form cualquiera, die mit „jede(r, s) beliebige" übersetzt wird.
Steht cualquiera für eine Person im Akkusativ, dann steht die Präposition a davor.*

todo – todo, toda, todos, todas

todo

Quiero **todo** o nada.
En el centro hay de **todo**.

Julio **lo** sabe **todo**.

Steht todo alleine ist es unveränderlich und bedeutet „alles".

Wird todo als Akkusativobjekt verwendet, so wird es häufig durch das Pronomen lo verdoppelt.

todos, todas

Carmen: María, Marisol, Susana y yo vamos **todas** a la fiesta del sábado. Y vosotros, ¿vais también?
Juan: Sí, José y yo vamos también.
Carmen: ¡Qué bien! Entonces nos vemos **todos** ahí.

*Steht **todos, -as** alleine als Pronomen bedeutet es „alle".*
Wird es zusammen mit der 1. Person Mehrzahl, d. h. der Wir-Form, eines Verbs gebraucht, wird es mit „wir alle" übersetzt.

todo el ..., toda la ..., todos los ..., todas las ...

El perro se ha comido **todo el** pastel.
Te he llamado **toda la** tarde. ¿Dónde has estado?
Veo a mi novia **todos los** días.
Me gustan **todas las** ciudades de España.

***Todo/toda/todos/todas** + Artikel + Substantiv sind veränderlich und richten sich in Geschlecht und Zahl nach dem Substantiv, auf das sie sich beziehen.*
***Todo** bzw. **toda** bedeuten in der Einzahl „ganz" und in der Mehrzahl „jede" bzw. „alle".*

cada

cada

Cada año vamos a la playa.
Cada semana hago la compra.
Cada vez que voy al centro gasto mucho.

***Cada** ist unveränderlich und steht immer vor einem Substantiv in der Einzahl.*
***Cada** wird mit „jede(r, s)" übersetzt.*

cada uno, cada una

Tengo un libro para cada alumno.
 Cada uno lo recibe gratis.

Tengo un libro para cada alumna.
 Cada una lo recibe gratis.

***Cada uno** und **cada una** stehen alleine und werden ins Deutsche mit „jede(r, s)" übertragen.*

mucho – poco – tanto, bastante – demasiado – suficiente

Tengo **mucho** dinero y **muchos** amigos. Pero tengo **poco** tiempo libre y **poca** suerte.
Y tampoco tengo **tanto** dinero como mi jefa.
Pero tengo **suficiente**, gano **bastante**.
Sobre todo he comprado **demasiadas** cosas nuevas.

Mucho, poco, tanto, bastante, demasiado und suficiente sind veränderlich, sobald sie sich auf ein Substantiv beziehen.
Die veränderlichen Formen stimmen in Geschlecht und Zahl mit dem Substantiv, auf das sie sich beziehen, überein.

	Einzahl		Mehrzahl	
	männlich	weiblich	männlich	weiblich
mucho *viel*	**mucho** dinero	**mucha** leche	**muchos** amigos	**muchas** amigas
poco *wenig*	**poco** dinero	**poca** leche	**pocos** amigos	**pocas** amigas
tanto *so viel*	**tanto** dinero	**tanta** leche	**tantos** amigos	**tantas** amigas
bastante *ziemlich viel/ genügend*	**bastante** dinero	**bastante** leche	**bastantes** amigos	**bastantes** amigas
demasiado *zu viel*	**demasiado** dinero	**demasiada** leche	**demasiados** amigos	**demasiadas** amigas
suficiente *genug/ genügend*	**suficiente** dinero	**suficiente** leche	**suficientes** amigos	**suficientes** amigas

*Wann ist **mucho, poco, tanto, bastante, suficiente** und **demasiado** veränderlich und wann unveränderlich?*

*Stehen **mucho, poco, tanto, bastante, suficiente** und **demasiado** vor einem Substantiv, d. h. wenn sie als Adjektiv gebraucht werden, dann müssen sie dem Substantiv angeglichen werden.*

*Werden **mucho, poco, tanto, bastante, suficiente** und **demasiado** als Adverb verwendet, d. h. wenn sie hinter einem Verb stehen, dann sind sie unveränderlich.*

otro

~ Pepe, abre **otro** vino, ¿no?
≈ ¿**Otro**? No hay. Pero puedo darte **otra** cosa. ¿Quieres una cerveza?

Otro, otra, otros und otras stimmen in Geschlecht und Zahl mit dem Substantiv, auf das sie sich beziehen, überein.

Bitte passen Sie auf! Der unbestimmte Artikel wird vor **otro** *nie verwendet.*

mismo

~ Tenemos el **mismo** gusto.
≈ Sí, ¿verdad? Nos gustan las **mismas** cosas y los **mismos** cantantes, ¿verdad?
~ Claro, y sobre todo, la **misma** canción ...

Werden **mismo, misma, mismos** *und* **mismas** *als Adjektiv gebraucht, dann richten sie sich in Geschlecht und Zahl nach dem Substantiv, auf das sie sich beziehen. Sie stehen zwischen Artikel und Substantiv und werden im Deutschen mit „der/die/das gleiche" bzw. „der-/die-/dasselbe" wiedergegeben.*

~ El jefe **mismo** me ha dado la noticia.
≈ ¿Él **mismo** te la dio?
~ Sí, ¡González **mismo**! Mi compañera **misma** lo ha visto.

Steht **mismo** *hinter dem Substantiv oder Pronomen, auf das es sich bezieht, wird es mit „selbst" übersetzt.*

Esta crisis es **la misma** de todos los años.
¿Tomas **lo mismo** de siempre?

Steht **mismo** *ohne Substantiv bzw. Pronomen, so steht es mit dem Artikel.*

¡Ven ahora **mismo**!

Nach einem Adverb ist **mismo** *unveränderlich und bekräftigt dessen Bedeutung.*

46

1. Zuordnen

Betonte oder unbetonte Possessivpronomen, das ist die Frage. Ordnen Sie die hervorgehobenen Possessivpronomen den entsprechenden Spalten zu.

1. ~ **Nuestro** trabajo no está cerca, ¿y el **tuyo**?
   ≈ El **mío** está a cinco minutos de aquí.

2. ~ ¿Es **suyo** ese coche, señora?
   ≈ No, es de **mi** vecina. Ha entrado a la carnicería.
   ~ Pues **su** vecina ha dejado a **sus** hijos en el coche, ¡y con este calor!

3. ~ **Vuestros** amigos han salido, pero podéis hablar con Inés, una compañera **suya**.
   ≈ ¡Muy bien! Pero, ¿cuándo regresan **nuestros** amigos?

Unbetonte Possessivpronomen	Betonte Possessivpronomen

2. Einsetzen

Setzen Sie die fehlenden Possessivpronomen ein.

1. ~ Ustedes, ¿dónde pasan _____ vacaciones?

   ≈ Normalmente en Mallorca, porque unos amigos _____ nos invitan a _____

   casa.

2. ~ No tengo bolígrafo, señorita. ¿Puedo pedirle el _____ para llenar el formulario?

   ≈ Lo siento, pero el _____ no tiene tinta.

3. ~ Oye, Rosi, ¿cómo se llama esa amiga _____ tan guapa?

   ≈ Se llama Claudia, y ese que está mirando hacia aquí es _____ marido.

4. ~ Chicos, ¿son éstos _____ relojes?

   ≈ No, no son los _____ .

5. ~ Pues yo estoy muy contenta con esta escuela de música. A _____ hijos les

   gusta mucho _____ profesor de piano.

   ≈ Sí, a los _____ también.

3. Vervollständigen

*Ergänzen Sie die **fehlenden Endungen**.*

1. Queremos hablar con aquel_____ señores.

2. ~ Tenemos botellas grandes y pequeñas.

   ≈ En est____ momento sólo deseo es___ pequeña, gracias.

3. ~ Est_____ aviones llegan siempre con retraso.

   ≈ Sí, ¡es_____ es terrible!

4. ~ ¿Cuál es el precio correcto, est_____ o es____?

   ≈ Es____ de ahí, señorita.

5. Est____ no lo entiendo. ¿Cómo se dice est____ palabra en alemán?

6. Est_____ ejercicios son muy fáciles, pero aquel_____ no.

7. ~ ¡Huy! ¿Qué es est_____ tan raro?

   ≈ Est_____ cosa es un walkman ultramoderno.

8. ~ Papá, est____ es Estela y est____ es Federico, su marido.

   ≈ Ah, ¡mucho gusto! ¿Y cuáles son sus hermanas, Estela?

   ~ Son aquel_____ que están al lado de la mesa. Ahora las llamo.

4. Aussuchen

*Suchen Sie die **passende Ergänzung** aus und kreuzen Sie sie an.*

1. Esta puerta ya está cerrada, pero usted puede salir por ...

   a. los otros ☐   b. la otra ☐   c. misma ☐

2. ~ ¿Desean pedir ... más, señores?
   ≈ Sí, dos cafés, por favor.

   a. alguna ☐   b. alguien ☐   c. algo ☐

3. ~ ¿Hay ... banco por aquí?
   ≈ Creo que el Banco de Vizcaya no está lejos.

   a. alguno ☐   b. uno ☐   c. algún ☐

4. ¡Uf! Lo siento, pero no tengo ... billete pequeño, tengo que pagarle con diez mil.

   a. ningún ☐   b. nada ☐   c. algún ☐

5. En esta fiesta no conozco ... . ¿Y tú?

   a. nadie ☐   b. a nadie ☐   c. ninguno ☐

6. Si tienes problemas, no te preocupes, puedes llamarme a ... hora.

   a. cualquier ☐   b. cualquiera ☐   c. ninguna ☐

7. Como ... domingo, vamos a comer con nuestros padres.

   a. todos ☐   b. todo el ☐   c. cada ☐

8. Rodrigo es ... muy interesante. Te lo voy a presentar.

   a. alguien ☐   b. cada ☐   c. algo ☐

9. ¡Qué ilusión! ¡Por fin tenemos ... dinero para comprar el coche!

   a. tanto ☐   b. suficiente ☐   c. todo ☐

10. ~ ¿Qué tomas?
    ≈ ... del otro día. ¿Cómo dices que se llama ese cóctel?

    a. Mismo ☐   b. Mismos ☐   c. Lo mismo ☐

Die Personalpronomen

Subjektpronomen

~ ¿Qué hace **usted** el fin de semana?
≈ **Yo** no hago nada especial.

~ *Was machen Sie am Wochenende?*
≈ *Ich mache nichts Besonderes.*

Formen

Die Subjektpronomen stehen für Personen, die Satzgegenstand eines Satzes sind. Ins Deutsche werden sie wie folgt übersetzt:

Einzahl	1. Person	**yo**	*ich*
	2. Person	**tú**	*du*
	3. Person	**él**	*er*
		ella	*sie*
		usted	*Sie*
Mehrzahl	1. Person	**nosotros**	*wir (männlich)*
		nosotras	*wir (weiblich)*
	2. Person	**vosotros**	*ihr (männlich)*
		vosotras	*ihr (weiblich)*
	3. Person	**ellos**	*sie (männlich)*
		ellas	*sie (weiblich)*
		ustedes	*Sie*

Wie Sie bereits bemerkt haben, gibt es im Spanischen das Pronomen „es" nicht.

usted, ustedes

Im Spanischen wird die höfliche Anrede mit der 3. Person gebildet. Es gibt zwei Möglichkeiten:

~ Señora López, ¿qué profesión tiene **usted?**
≈ Soy dentista. ¿Y **usted,** señora Brea?

– Die Sie-Form in der Einzahl mit **usted,** die verwendet wird, wenn nur eine Person gesiezt wird. Das entsprechende Verb steht in der 3. Person Einzahl.

~ Señores, por favor, ¿dónde trabajan **ustedes?**
≈ Trabajamos en un restaurante.

– Die Sie-Form in der Mehrzahl mit **ustedes,** die man gebraucht, um mehrere Personen zu siezen. Das dazugehörige Verb steht in der 3. Person Mehrzahl.

Häufig werden **usted** und **ustedes** auf Schildern usw. abgekürzt:
Ud. und **Vd.** sind Abkürzungen für **usted, Uds.** und **Vds.** sind Abkürzungen für **ustedes.**

---

nosotros, nosotras, vosotros, vosotras, ellos, ellas

Reportera: Chicas, ¿**vosotras** pagáis cuando salís con amigos?
Elena: **Nosotras** sí, por supuesto.
Reportera: ¿Y qué os parece esto, chicos?
Julián: A nosotros nos parece muy bien. Así son las chicas modernas: **ellas** pagan lo suyo. Pero cuando **nosotros** las invitamos, entonces pagamos **nosotros.**
Reportera: Pues sí, así son los jóvenes. **Ellos** tienen ahora costumbres diferentes que **nosotros.**

Die spanischen Subjektpronomen haben in der Mehrzahl für „wir", „ihr" und „sie" eine weibliche Form: **nosotras, vosotras** und **ellas.** Sie werden verwendet, wenn man ausschließlich über Frauen spricht. Ist allerdings nur eine männliche Person mit von der Partie, dann gebraucht man sofort die männlichen Formen: **nosotros, vosotros** und **ellos.**

Gebrauch

~ ¿Dónde estás?
~ Wo bist **du?**
≈ Estoy aquí.
≈ **Ich** bin hier.

~ ¿Dónde está Pepe?
~ Wo ist Pepe?
≈ Está en la oficina.
≈ **Er** ist im Büro.

~ ¿Dónde está la oficina?
~ Wo ist das Büro?
≈ Está en el centro.
≈ **Es** ist im Zentrum.

Die Subjektpronomen werden im Spanischen nur ganz selten verwendet, da man bereits an den Endungen der Verben erkennen kann, um welche Personen es sich handelt.

Vermeiden Sie diesen häufigen Fehler!
Subjektpronomen vertreten nie Sachen! Bei Sachen entfällt entweder das entspre-
chende Sachsubstantiv oder es wird eben genannt.

La casa es muy bonita. Está en el centro. Te va a gustar.
Das Haus ist sehr schön. Es befindet sich im Zentrum. Es wird dir gefallen.

~ ¿Quién viene, el señor Cárdenas o **usted?**
≈ **Él** viene mañana temprano.

~ ¿Coméis carne?
≈ **Yo** no, pero **ella** sí.

Hoy tienes que cocinar **tú.**

~ ¿Quién es Roberto Ramos?
≈ Soy **yo.**

~ ¿Quién trabaja aquí?
≈ **Nosotros.**

Subjektpronomen werden verwendet, wenn Sie zur Unterscheidung verschiedener Personen oder ihrer Hervorhebung benötigt werden.
Benutzen Sie sie nur dann, wenn Sie im Deutschen die Stimme erheben würden.
***Usted** bzw. **ustedes** werden als Zeichen der Höflichkeit häufig verwendet.*
Allerdings sollten auch sie nicht in jedem Satz wiederholt werden.

Gebrauch der Personalpronomen in Lateinamerika

Niños, ¿dónde están **ustedes?**
Kinder, wo seid **ihr?**

*In Lateinamerika wird das Pronomen **vosotros/vosotras**, das mit „ihr" übersetzt wird, nicht verwendet. Stattdessen wird **ustedes** gebraucht.*

¿Me escuchás **vos?**
Hörst **du** mich?

*In Argentinien, Paraguay und Uruguay wird **vos** statt **tú** verwendet.*

Betonte Pronomen nach Präpositionen

~ ¿Te ríes de **mí?**
≈ ¡Qué va! Me río con**tigo.**

~ *Lachst du über mich?*
≈ *Ach, was! Ich lache mit dir.*

Formen

Einzahl	1. Person	a/para **mí**	**conmigo**
	2. Person	a/para **ti**	**contigo**
	3. Person	a/para **él** a/para **ella** a/para **usted**	con **él** con **ella** con **usted**
Mehrzahl	1. Person	a/para **nosotros** a/para **nosotras**	con **nosotros** con **nosotras**
	2. Person	a/para **vosotros** a/para **vosotras**	con **vosotros** con **vosotras**
	3. Person	a/para **ellos** a/para **ellas** a/para **ustedes**	con **ellos** con **ellas** con **ustedes**

Wie Sie sicherlich bemerkt haben, sind die Formen der Pronomen nach Präpositionen nur in der 1. und 2. Person Einzahl anders als die Formen der Subjektpronomen: **mí** *(mit Akzent),* **ti** *(ohne Akzent).*
Nur für die Präposition **con** *gibt es besondere Formen für die 1. und 2. Person Einzahl:* **conmigo, contigo.**

Gebrauch

Por mí podemos ver la exposición.

Uf, ¡cuántos problemas! No quiero pensar **en ellos.**

¿Vienes **conmigo** al museo?

Die betonten Pronomen stehen immer nach Präpositionen.

Nach **entre, según** und **menos** werden die Subjektpronomen gebraucht.

Según yo es muy interesante.

~ ¿Son todos estos chocolates para mí?
≈ No, son **para** ti y **para** mí.

Befinden sich mehrere betonte Pronomen in einem Satz, so werden die entsprechenden Präpositionen vor jedem betonten Pronomen wiederholt, auch wenn es sich immer um dieselbe Präposition handelt.

A mí esto **me** interesa mucho.
A ella le gusta mucho la comida española.
Ana me llama cada noche, pero hoy
no sé qué ha pasado. Por esto voy a
llamar**la a ella** enseguida.

Akkusativ- und Dativobjekte werden häufig mit Hilfe der betonten Objektpronomen verstärkt oder näher definiert.
Die betonten Pronomen können in Verbindung mit den unbetonten Objektpronomen in einem Satz stehen.
Die unbetonten Objektpronomen dürfen aber auf keinen Fall weggelassen werden.

Mehr dazu finden Sie in dem Unterkapitel „Verdoppelung von Akkusativ- und Dativpronomen".

Direkte Objektpronomen

~ **¿Me** quieres?
≈ Sí, **te** quiero mucho.

~ Liebst du mich?
≈ Ja, ich liebe dich sehr.

~ ¿Ves el coche?
≈ No, no **lo** veo.

~ Siehst du das Auto?
≈ Nein, ich sehe es nicht.

Direkte Objektpronomen, auch Akkusativpronomen genannt, ersetzen ein direktes Objekt, d. h. ein Akkusativobjekt. Ins Deutsche werden sie wie folgt übersetzt:

Einzahl	1. Person	**me**		*mich*
	2. Person	**te**		*dich*
	3. Person	**lo** **la** **lo/la**	**(le)**	*ihn, es* *sie, es* *Sie*
Mehrzahl	1. Person	**nos**		*uns*
	2. Person	**os**		*euch*
	3. Person	**los** **las** **los/las**	**(les)**	*sie* *sie* *Sie*

lo, la – los, las

~ ¿Dónde está el libro?

≈ No lo encuentro. Tengo que buscarlo.

~ ¿Dónde está Pepe?

≈ No lo he visto. Tengo que llamarlo.

Lo steht für eine männliche Person oder Sache im Akkusativ.

~ Estamos en una crisis.

≈ Ya lo sé, pero no es tan grave.

~ Nuestro candidato va a ganar las elecciones.

≈ Sí, ya lo he oído.

Das Objektpronomen lo kann auch für einen Sachverhalt, eine Situation oder einen ganzen Satz stehen.

~ ¿Dónde está la llave?

≈ No la encuentro. Tengo que buscarla.

~ ¿Dónde está Carmen?

≈ No la he visto. Tengo que llamarla.

La steht für eine weibliche Person oder Sache im Akkusativ.

~ ¿Dónde están los libros?

≈ No los encuentro. Tengo que buscarlos.

~ ¿Dónde están los chicos?

≈ No los he visto. Tengo que llamarlos.

~ ¿Dónde pongo la pluma y el lápiz?

≈ Los puedes poner aquí.

Los steht für mehrere männliche Personen oder Sachen im Akkusativ oder für eine männliche und weibliche Person oder Sache oder aber für mehrere männliche und weibliche Personen oder Sachen im Akkusativ.

~ ¿Dónde están las llaves?

≈ No las encuentro. Tengo que buscarlas.

~ ¿Dónde están las chicas?

≈ No las he visto. Tengo que llamarlas.

Las steht für mehrere weibliche Personen oder Sachen im Akkusativ.

Le und les als direkte Objektpronomen

~ ¿Conoces a Juan?   ≈ Sí, **le** conozco.

~ ¿Conoces a los señores Pérez?   ≈ Sí, **les** conozco.

Le/Les invitamos cordialmente a la fiesta.

In einigen Gegenden Spaniens werden le und les als direkte Objektpronomen für Personen gebraucht.
Le wird anstelle von lo verwendet und les anstelle von los.

Indirekte Objektpronomen

~ Mamá, estos jerseys **me** gustan.
¿**Me** compras uno?
≈ No, ¡ya no **te** compro nada más hoy!

~ *Mutti, diese Pullover gefallen mir.*
Kaufst du mir einen?
≈ *Nein, ich kaufe dir heute nichts mehr!*

Indirekte Objektpronomen, auch Dativpronomen genannt, ersetzen ein indirektes Objekt, d. h. ein Dativobjekt.
Ins Deutsche werden sie wie folgt übersetzt:

Einzahl	1. Person	**me**	*mir*
	2. Person	**te**	*dir*
	3. Person	**le** **le** **le**	*ihm* *ihr* *Ihnen*
Mehrzahl	1. Person	**nos**	*uns*
	2. Person	**os**	*euch*
	3. Person	**les** **les**	*ihnen* *Ihnen*

Die indirekten Objektpronomen unterscheiden sich von den direkten Objektpronomen der Form nach nur in der 3. Person Ein- und Mehrzahl.

Die indirekten Objektpronomen stehen:

Si Paquito **nos** trae buenas notas, **le** vamos a comprar una bicicleta.

– für indirekte Objekte.

~ ¿**Os** gustan los cuadros de Dalí?
≈ Pues no sé ... algunos **me** parecen muy raros.

~ A mi hija **le** interesa la música rap.
≈ ¡Qué horror! ¿Y no **te** molesta escucharla?

~ **Me** es imposible comprar la casa de Lomas, el dinero no **me** alcanza.
≈ No importa, papá ... ¡**Nos** basta este piso!

– *bei Empfindungsverben wie* **gustar, encantar, interesar, molestar, parecer** *sowie bei* **doler** *und* **faltar**.

– *bei einigen unpersönlichen Ausdrücken, z. B.* **ser imposible/necesario/suficiente, alcanzar, bastar** *usw.*

Deutsche Verben mit Akkusativ – *spanische Verben mit Dativ,*
deutsche Verben mit Dativ – *spanische Verben mit Akkusativ*

Wir sind es gewohnt, dass ein bestimmter Fall nach einem bestimmten Verb steht. Manchmal ist aber der erwartete Fall im Spanischen anders als im Deutschen.

~ ¿**Le** puedo preguntar algo?
≈ Claro, María, **la** escucho.

~ *Darf ich Sie etwas fragen?*
≈ *Sicher, María, ich höre Ihnen zu.*

Im Spanischen mit Dativ sind u. a.:
preguntar *(fragen),* **mentir** *(anlügen),* **interesar** *(interessieren) usw.*
Im Spanischen mit Akkusativ sind u. a.:
seguir *(folgen),* **felicitar** *(beglückwünschen),* **escuchar** *(zuhören) usw.*

Verdoppelung von Akkusativ- und Dativpronomen

~ **A Juan** no **lo** veo. ¿Ha salido?
≈ **A mí** no **me** ha dicho nada.
~ **Eso** no **lo** entiendo. **Al jefe** no **le** va a gustar nada.

~ *Juan sehe ich nicht. Ist er weggegangen?*
≈ *Mir hat er nichts gesagt.*
~ *Das verstehe ich nicht. Dem Chef wird das bestimmt gar nicht gefallen.*

El libro lo he leído en un día.
La revista la he comprado hoy.
A Susana y a Gloria las hemos invitado.

Al jefe no **le** va a gustar.
No **le** va a gustar **al jefe**.

A la abuela le queremos comprar un perro.

Le queremos comprar un perro **a la abuela**.

Akkusativ- und Dativobjekte können im Spanischen verdoppelt werden, d. h. sowohl Objekt als auch Pronomen werden in einem Satz genannt.
Das Dativobjekt kann am Anfang oder am Ende des Satzes stehen.
Das Akkusativobjekt hingegen steht in der Regel am Satzanfang vor dem direkten Objektpronomen. Das unbetonte Pronomen steht immer vor dem Verb.

Te voy a dar el dinero **a ti,** no a tu madre.
A mí esto no **me** gusta nada.
¿Qué **os** parece **a vosotros?**
A Juan no **lo** veo. ¿Ha salido?
A la secretaria no **le** hemos dicho nada.
Eso no **lo** entiendo.

Le tengo que reparar la computadora **a Ricardo,** no a Mónica.

A los chicos no **les** gusta el ajo.
¿**Les** gusta **a ustedes?**

Man verdoppelt:

– *wenn man das direkte oder indirekte Objektpronomen verstärken oder hervorheben möchte, häufig bei Empfindungsverben wie* **gustar, encantar** *usw.*

– *um Missverständnisse zu vermeiden. Dies ist sehr häufig der Fall beim Dativobjekt der 3. Person Einzahl und Mehrzahl, da* **le** *„ihm", „ihr" oder „Ihnen" bedeuten kann und* **les** *„ihnen" oder „Ihnen" heißt.*

Faustregel: Im Zweifelsfall verdoppeln Sie lieber die Dativpronomen! Das ist nie falsch.

Reflexivpronomen

~ Yo siempre **me** ducho con agua fría.
≈ ¡Qué bien! Así **te** pones más fuerte contra la gripe.

~ *Ich dusche mich immer mit kaltem Wasser.*
≈ *Gut! So wirst du gegen Grippe widerstandsfähiger.*

yo	**me** llamo
tú	**te** llamas
él ella usted	**se** llama
nosotros nosotras	**nos** llamamos
vosotros vosotras	**os** llamáis
ellos ellas ustedes	**se** llaman

Wie Sie sehen, sind die Reflexivpronomen fast identisch mit den Akkusativpronomen. Sie müssen sich nur eine neue Form für die 3. Person Einzahl und Mehrzahl merken: **se.**

Ein Pronomen im Satz

~ ¿Has hecho la tarea?
≈ No, no **la** he hecho. **La** tengo que hacer mañana.
~ Yo no tengo que hacer**la** mañana, **la** estoy haciendo ahora.
≈ ¿Estás haciéndo**la** ahora? ¿Por qué?
~ Porque tengo tiempo. Vamos, ¡escríbe**la** tú también! Tenemos que entregar**la** al profesor esta semana.

~ Hast du die Hausaufgabe gemacht?
≈ Nein, ich habe sie nicht gemacht. Ich muss sie morgen machen.
~ Ich muss sie nicht morgen machen, ich mache sie jetzt gerade.
≈ Machst du sie jetzt gerade? Warum?
~ Weil ich Zeit habe. Komm, schreibe du sie auch! Wir müssen sie diese Woche beim Lehrer abgeben.

He escrito una tarjeta postal <u>a Ana</u>.
Le he escrito una tarjeta postal.

Veo <u>a Juan</u> todos los días.
Lo veo todos los días.

Me quedo en casa.

Direkte und indirekte Objektpronomen sowie Reflexivpronomen stehen in der Regel vor dem konjugierten Verb.
*Bei zusammengesetzten Zeiten stehen sie deshalb vor dem Hilfsverb **haber**.*

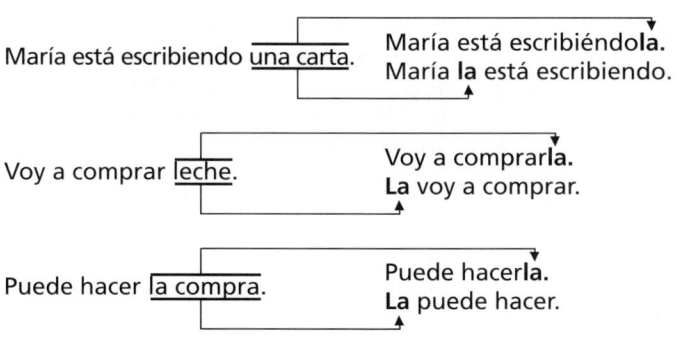

María está escribiendo <u>una carta</u>.
María está escribiéndo**la**.
María **la** está escribiendo.

Voy a comprar <u>leche</u>.
Voy a comprar**la**.
La voy a comprar.

Puede hacer <u>la compra</u>.
Puede hacer**la**.
La puede hacer.

*Beim Gerundium sowie bei Infinitiv-konstruktionen, z. B. Modalverb + Infinitiv, **ir a** + Infinitiv oder **tener que** + Infinitiv können die Pronomen an das Gerundium oder den Infinitiv an-gehängt werden.*
Sie können aber auch vor dem konjugierten Verb stehen.

Busca <u>a Juan</u>.   ¡Búsca**lo**!

Beim bejahten Imperativ müssen die Pronomen immer angehängt werden.

*Wenn die Pronomen angehängt werden, bekommt das Verb häufig einen Akzent, damit die ursprüngliche Betonung erhalten bleibt: **búscalo, lavándolas** usw.*

¡No busques a Juan!   ¡No **lo** busques!

Beim verneinten Imperativ stehen die Pronomen direkt vor dem Verb.

Mehrere Pronomen in einem Satz

~ Me gustan tus zapatos azules.
  ¿**Me los** dejas para la fiesta?
≈ No puedo, mi hermana **se los** ha llevado.

~ ¿Ella **se los** ha llevado? ¿Por qué?

~ Mir gefallen deine blauen Schuhe. Leihst du sie mir für das Fest?
≈ Ich kann nicht, meine Schwester hat sie mitgenommen.
~ Sie hat sie mitgenommen? Warum?

Stehen mehrere Pronomen in einem Satz, so folgen die Pronomen einer festgelegten Reihenfolge: Reflexivpronomen/indirektes Objektpronomen – direktes Objektpronomen.

~ Las manos, ¿**te las** has lavado ya?
≈ **Me las** estoy lavando./
  Esto lavándo**melas**.

*– Das Reflexivpronomen steht vor dem direkten Objektpronomen, d. h. **me lo, te la, se los, se las** usw.*

Los zapatos azules, ¿**me los** dejas?
Hoy no **te los** puedo dejar, pero **te los** doy otro día./Hoy no puedo dejár**telos**, pero **te los** doy otro día.

*– Das indirekte Objektpronomen steht vor dem direkten Objektpronomen, also Dativ vor Akkusativ im Gegensatz zum Deutschen, z. B. **me lo, te la, nos las, os los** usw.*

~ ¿Quién **le** ha regalado rosas a Carmen?
≈ **Se las** ha enviado un amigo.
~ Y, ¿quién **le** ha regalado el libro?
≈ **Se lo** ha dado la tía Teresa.

*– Stehen die indirekten Objektpronomen (Dativ) **le** und **les** vor den direkten Objektpronomen (Akkusativ) **lo, la, los** und **las**, dann werden **le** und **les** durch **se** ersetzt:*

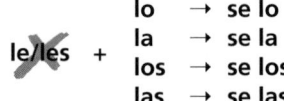

lo	→	se lo
la	→	se la
los	→	se los
las	→	se las

le/les +

1. Ersetzen

a.) Ersetzen Sie die in der Frage fett gedruckten Wörter durch die entsprechenden **direkten Objektpronomen.**

1. ~ ¿Visitas **a tus padres** cada semana?

   ≈ No, no _____ visito cada semana, porque viven muy lejos.

2. ~ ¿Vende usted **su coche?**

   ≈ No, no _____ vendo porque todavía funciona muy bien.

3. ~ Oye, Martín, ¿tú escuchas **a la profesora?**

   ≈ ¡Uf! No puedo escuchar_____ porque hay mucho ruido.

4. ~ El jefe, ¿está leyendo **las cartas** en su oficina?

   ≈ No, no necesita leer____ porque ya _____ conoce.

5. ~ ¿Vas a empezar **el curso de francés** el año próximo?

   ≈ No, no voy a hacer_____ el año próximo, _____ estoy haciendo ahora.

6. ~ ¿Comes **hamburguesas?**

   ≈ ¡Uf! No, no _____ como nunca porque _____ encuentro horribles.

b.) In welchen drei Antworten könnte das **Pronomen eine andere Stellung** *im Satz einnehmen? Notieren Sie die Ziffern der Sätze.*

Schreiben Sie nun die Antworten mit der **geänderten Stellung der Pronomen** *auf.*

_____

_____

_____

2. Verdoppeln

*Verdoppeln Sie die hervorgehobenen indirekten Objekte mit Hilfe der **unbetonten** **Pronomen**.*

1. Lo siento, señor Cano. No he podido enviar_____ los paquetes **a los clientes**.
2. **A mí** _____ encanta la pizza. ¿Vamos a un restaurante italiano?
3. ¿Por qué no _____ das de comer **al gato**? Tiene hambre.
4. Y ahora, ¿por qué esa cara, hijito? ¿**A ti** qué _____ duele?
5. El profesor _____ va a explicar la gramática **a vosotros**.
6. Yo ya no _____ presto dinero **a mis compañeros**, porque nunca pagan.
7. **A nosotras** Leticia no _____ ha presentado a su novio. No lo conocemos.
8. Pepe está muy nervioso. Es que _____ quiere preguntar algo **a su jefe**.
9. ¿Quién _____ ha traído este pastel **a los niños**? ¡Mmmh! Está muy rico.

3. Einsetzen

*Setzen Sie die fehlenden **Pronomen** ein.*

1. ~ ¿Mamá, me compras un helado?
   ≈ Sí, claro que _____ _____ compro, Juanito.
2. ~ ¿Señor, nos da esas revistas, por favor?
   ≈ Sí, ahora _____ _____ doy.
3. ~ ¿Me prestas dinero, María?
   ≈ No, no ____ ____ puedo prestar porque no tengo.
4. ~ Camarero, ¡otras dos cervezas, por favor!
   ≈ Sí, señores, enseguida _____ _____ traigo.
5. ~ ¿Nos recomienda usted este restaurante?
   ≈ Sí, _____ _____ recomiendo, señoritas.
6. ~ ¿Nos das los libros, Pepe?
   ≈ Claro, chicos, ahora _____ _____ doy.

4. Zusammensetzen

*Beantworten Sie die Fragen, indem Sie die einzelnen Wörter **zusammensetzen**. Achten
Sie dabei auf die **Stellung der Pronomen**.*

1. ~ ¿De dónde has sacado ese vestido tan sexy?

    ≈ _____ en la playa.

    | comprado | | he | | lo | | me |

2. ~ ¿Le han gustado los zapatos a María?

    ≈ No sé, _____ ahora mismo.

    | está | | los | | probando | | se |

3. ~ ¡Qué bonito bolígrafo! Es muy original.

    ≈ Si lo quieres, _____.

    | regalar | | lo | | puedo | | te |

4. ~ ¿Dónde está Carolina? ¿Se ha ido con Ramón?

    ≈ Sí, justamente _____ al cine.

    | ha | | con | | ido | | él | | se |

5. ~ Señorita, ¿ya está lista la carta para firmarla?

    ≈ Ya casi, señor. En un minuto _____

    | a | | voy | | la | | se | | llevar |

    a su oficina.

Das Präsens der Verben

Regelmäßige Verben im Präsens

~ ¿Qué lenguas **hablas?**
≈ **Hablo** alemán, español y francés.

~ ¿Dónde **vives?**
≈ **Vivo** en Francia.

~ *Welche Sprachen sprichst du?*
≈ *Ich spreche Deutsch, Spanisch und Französisch.*
~ *Wo wohnst du?*
≈ *Ich wohne in Frankreich.*

Verben auf -ar, -er und -ir

Infinitiv auf -ar

		hablar
Einzahl	(yo)	habl**o**
	(tú)	habl**as**
	(él/ella/usted)	habl**a**
Mehrzahl	(nosotros/nosotras)	habl**amos**
	(vosotros/vosotras)	habl**áis**
	(ellos/ellas/ustedes)	habl**an**

Infinitiv auf -er

		comer
Einzahl	(yo)	com**o**
	(tú)	com**es**
	(él/ella/usted)	com**e**
Mehrzahl	(nosotros/nosotras)	com**emos**
	(vosotros/vosotras)	com**éis**
	(ellos/ellas/ustedes)	com**en**

Infinitiv auf -ir

		vivir
Einzahl	(yo)	viv**o**
	(tú)	viv**es**
	(él/ella/usted)	viv**e**
Mehrzahl	(nosotros/nosotras)	viv**imos**
	(vosotros/vosotras)	viv**ís**
	(ellos/ellas/ustedes)	viv**en**

*Spanische Verben bestehen aus Verbstamm und Endung, z. B. **hablar**: **habl** = Verbstamm, **ar** = Endung. Sie werden je nach ihrer Infinitivendung in drei Konjugationsgruppen unterteilt:*
*– Verben, die auf **-ar** enden (1. Gruppe),*
*– Verben, die auf **-er** enden (2. Gruppe),*
*– Verben, die auf **-ir** enden (3. Gruppe).*
*Die Verben werden konjugiert, indem an den Verbstamm die entsprechenden Endungen für die jeweilige Person und Konjugationsgruppe angehängt werden. So lautet beispielsweise die 1. Person von **vivir: vivo**.*
Für alle regelmäßigen Verben einer Gruppe gelten dieselben Endungen.

Achten Sie beim Sprechen auf die Betonung:
*Bei den meisten Personen wird der Verbstamm betont, z. B. **c__o__mo**. Bei der 1. und 2. Person Mehrzahl hingegen wird die Endung betont, z. B. **com__e__mos** und **com__é__is**.*

Da im Spanischen Personalpronomen kaum gebraucht werden, können Sie nur an der Endung des Verbs erkennen, um welche Person es sich handelt.
*Nur die Höflichkeitsformen **usted** und **ustedes** werden häufiger gebraucht.*
Im Spanischen ist es also wichtig und unumgänglich die Endungen der Verben zu lernen!

Änderungen in der Schreibweise

Damit die Aussprache erhalten bleibt, kommt es in der Schreibweise bei einigen Verben zu Veränderungen.

g → j

~ ¿Esco**ges** el menú?
≈ Claro, lo esco**jo** enseguida.

*Bei Verben, die auf **-ger** oder **-gir** enden, wird **g** zu **j**, wenn ein **a** oder **o** folgt. Die regelmäßigen Endungen bleiben erhalten.*

gu → g

~ ¿Quieres **seguirme**?
≈ ¡Claro que te **sigo**!

*Bei Verben, die auf **-guir** enden, wird **gu** zu **g**, wenn ein **a** oder **o** folgt.*
Die regelmäßigen Endungen bleiben erhalten.

Unregelmäßige Verben im Präsens

Ahora **trabajo** más, por eso **tengo** más dinero y **puedo** comprar un coche.

Jetzt arbeite ich mehr, deshalb habe ich mehr Geld und kann ein Auto kaufen.

Infinitiv	1. Person Einzahl
trabajar	→ **trabaj**o
vender	→ **vend**o
tener	→ **teng**o
poder	→ **pued**o

Bei regelmäßigen Verben bleibt der Verbstamm gleich.
Bei unregelmäßigen Verben ändert sich der Verbstamm.

Die meisten unregelmäßigen Verben lassen sich in Gruppen einteilen. In anderen Worten: Auch bei unregelmäßigen Formen gibt es gewisse Regelmäßigkeiten. Dies erleichtert das Erlernen der unregelmäßigen Verben.

Verben mit Vokalveränderungen im Präsens:
o → ue, u → ue, e → ie, e → i

~ **¿Puedes** venir, por favor?
≈ No, ahora no **quiero** porque estoy ocupada.

~ *Kannst du bitte kommen?*
≈ *Nein, jetzt möchte ich nicht, weil ich beschäftigt bin.*

*Bei einigen Verben ändert sich der Stammvokal bei den stammbetonten vier Formen, nämlich bei **yo, tú, él, ella, usted, ellos, ellas** und **ustedes**.*
Die Endungen bleiben regelmäßig. In den Wörterbüchern werden in der Regel Hinweise auf die Stammvokalveränderungen gegeben.

o → ue

	encontrar	volver	dormir
(yo)	enc**ue**ntro	v**ue**lvo	d**ue**rmo
(tú)	enc**ue**ntras	v**ue**lves	d**ue**rmes
(él/ella/usted)	enc**ue**ntra	v**ue**lve	d**ue**rme
(nosotros/nosotras)	encontramos	volvemos	dormimos
(vosotros/vosotras)	encontráis	volvéis	dormís
(ellos/ellas/ustedes)	enc**ue**ntran	v**ue**lven	d**ue**rmen

Zu dieser Gruppe gehören u. a.:
almorzar, contar, costar, llover, morir, mostrar, mover, poder, probar, recordar, volar.

(yo)	**hue**lo	(nosotros/nosotras) olemos
(tú)	**hue**les	(vosotros/vosotras) oléis
(él/ella/usted)	**hue**le	(ellos/ellas/ustedes) **hue**len

*Das Verb **oler** „riechen" gehört derselben Gruppe an, erhält aber bei den stammbetonten Formen ein zusätzliches **h**.*

Ist ein Verb in einem anderen enthalten, so wird es auf dieselbe Weise konjugiert, z. B.
***probar** und **comprobar**: pr**ue**bo, compr**ue**bo.*

u → ue

	jugar
(yo)	j**ue**go
(tú)	j**ue**gas
(él/ella/usted)	j**ue**ga
(nosotros/nosotras)	jugamos
(vosotros/vosotras)	jugáis
(ellos/ellas/ustedes)	j**ue**gan

e → ie

	empezar	entender	preferir
(yo)	empiezo	entiendo	prefiero
(tú)	empiezas	entiendes	prefieres
(él/ella/usted)	empieza	entiende	prefiere
(nosotros/nosotras)	empezamos	entendemos	preferimos
(vosotros/vosotras)	empezáis	entendéis	preferís
(ellos/ellas/ustedes)	empiezan	entienden	prefieren

Zu dieser Gruppe gehören u. a.: **cerrar, despertar, encender, mentir, pensar, perder, querer, recomendar, sentir.**

e → i

	repetir
(yo)	repito
(tú)	repites
(él/ella/usted)	repite
(nosotros/nosotras)	repetimos
(vosotros/vosotras)	repetís
(ellos/ellas/ustedes)	repiten

Zu dieser Gruppe gehören u. a.: **corregir, elegir, medir, pedir, reír, seguir, servir, vestir.**

Verben mit í und ú

Anita **envía** las cartas.   *Anita schickt die Briefe.*

	í		ú
	enviar	prohibir	continuar
(yo)	envío	prohíbo	continúo
(tú)	envías	prohíbes	continúas
(él/ella/usted)	envía	prohíbe	continúa
(nosotros/nosotras)	enviamos	prohibimos	continuamos
(vosotros/vosotras)	enviáis	prohibís	continuáis
(ellos/ellas/ustedes)	envían	prohíben	continúan

Diese Verben, erhalten bei **yo, tú, él, ella, usted, ellos, ellas** *und* **ustedes** *einen Akzent.*

Zu der Gruppe mit **í** *gehören u. a.:* **ampliar, confiar, esquiar, guiar, vaciar.**

Zu der Gruppe mit **ú** *gehören u. a.:* **acentuar, reunir.**

Verben mit y

	construir
(yo)	construyo
(tú)	construyes
(él/ella/usted)	construye
(nosotros/nosotras)	construimos
(vosotros/vosotras)	construís
(ellos/ellas/ustedes)	construyen

Bei Verben, die auf **-uir** enden, wird in den stammbetonten Formen ein **y** zwischen Stamm und Endung eingefügt.

Zu dieser Gruppe gehören u. a.:
destruir, huir, incluir, influir, sustituir.

Unregelmäßige Verbformen bei der 1. Person Einzahl (yo)

¿Qué **hago?**
¿Dónde **pongo** estas cajas?

Was soll ich machen?
Wo stelle ich diese Kisten hin?

1. Person Einzahl auf -zco

	conocer
(yo)	**conozco**
(tú)	conoces
(él/ella/usted)	conoce
(nosotros/nosotras)	conocemos
(vosotros/vosotras)	conocéis
(ellos/ellas/ustedes)	conocen

Bei den Verben, die auf **-ecer, -ocer** oder **-ucir** enden, wird -c- in der Ich-Form **(yo)** zu -zc-. Die anderen Formen bleiben regelmäßig.

Zu dieser Gruppe gehören u. a.:
agradecer, conducir, ofrecer, padecer, parecer, producir, reconocer, traducir.

1. Person Einzahl auf -go

	poner	hacer
(yo)	**pongo**	**hago**
(tú)	pones	haces
(él/ella/usted)	pone	hace
(nosotros/nosotras)	ponemos	hacemos
(vosotros/vosotras)	ponéis	hacéis
(ellos/ellas/ustedes)	ponen	hacen

Bei einigen Verben endet die Ich-Form auf **-go.**

Zu dieser Gruppe gehören u. a.:
salir, valer.

Verwandte Verben, z. B. **conocer** *und* **reconocer,** *werden wie das ursprüngliche Verb konjugiert. Ebenso:* **poner** *und* **proponer, hacer** *und* **deshacer** *usw.*

1. Person Einzahl auf -igo

	traer
(yo)	**traigo**
(tú)	traes
(él/ella/usted)	trae
(nosotros/nosotras)	traemos
(vosotros/vosotras)	traéis
(ellos/ellas/ustedes)	traen

Bei einigen wenigen Verben endet die Ich-Form auf **-igo.**

Zu dieser Gruppe gehören u. a.: **caer, distraer.**

estar – dar – saber – ver – caber

~ ¿Dónde **está** Gerardo? No lo **veo.**
≈ No **sé.**
≈ ¡Aquí **estoy!**

~ *Wo ist Gerardo? Ich sehe ihn nicht.*
≈ *Ich weiß nicht.*
≈ *Hier bin ich!*

Auch bei diesen Verben ist nur die 1. Person Einzahl unregelmäßig.

	estar	dar	saber	ver	caber
(yo)	**estoy**	**doy**	**sé**	**veo**	**quepo**
(tú)	estás	das	sabes	ves	cabes
(él/ella/usted)	está	da	sabe	ve	cabe
(nosotros/nosotras)	estamos	damos	sabemos	vemos	cabemos
(vosotros/vosotras)	estáis	dais	sabéis	veis	cabéis
(ellos/ellas/ustedes)	están	dan	saben	ven	caben

Die Formen **dais** *und* **veis** *tragen keinen Akzent, weil sie einsilbig sind.*

69

Sehr unregelmäßige Verben im Präsens

~ ¿**Tienes** tiempo mañana?
≈ ¿Qué **dices?** No te **oigo.**

~ *Hast du morgen Zeit?*
≈ *Was sagst du? Ich höre dich nicht.*

	tener	venir
(yo)	ten**go**	ven**go**
(tú)	tienes	vienes
(él/ella/usted)	tiene	viene
(nosotros/nosotras)	tenemos	venimos
(vosotros/vosotras)	tenéis	venís
(ellos/ellas/ustedes)	tienen	vienen

Tener und *venir* weisen zwei Unregelmäßigkeiten auf:
-*go* in der 1. Person Einzahl und **e** → *ie.*

Verwandte Verben von **venir** *und* **tener**
*werden auf die gleiche Art und Weise
konjugiert, z. B.* **convenir, mantener** *u. a.*

	decir	oír
(yo)	di**go**	oi**go**
(tú)	dices	oyes
(él/ella/usted)	dice	oye
(nosotros/nosotras)	decimos	oímos
(vosotros/vosotras)	decís	oís
(ellos/ellas/ustedes)	dicen	oyen

Decir und *oír* weisen zwei Unregelmäßigkeiten auf:
decir: -*go* in der 1. Person Einzahl und
e → *i in den stammbetonten Formen;*
oír: -*igo* in der 1. Person Einzahl und **y.**

~ ¿De dónde **eres?**
≈ **Soy** de Zaragoza.

~ *Woher bist du?*
≈ *Ich bin aus Zaragoza.*

	ser	ir
(yo)	soy	voy
(tú)	eres	vas
(él/ella/usted)	es	va
(nosotros/nosotras)	somos	vamos
(vosotros/vosotras)	sois	vais
(ellos/ellas/ustedes)	son	van

	haber
(yo)	he
(tú)	has
(él/ella/usted)	ha/hay
(nosotros/nosotras)	hemos
(vosotros/vosotras)	habéis
(ellos/ellas/ustedes)	han

Hay ist die unpersönliche Form von
haber und bedeutet „*es gibt*".
Ansonsten dient **haber** *als Hilfsverb der
Bildung der zusammengesetzten Zeiten.*

Gebrauch des Präsens

Das Präsens wird verwendet:

Normalmente **trabajo** más de ocho horas.
Los precios siempre **suben**, ¡qué horror!

– *um regelmäßig sich wiederholende Handlungen und allgemeine Sachverhalte anzugeben.*

La palabra "periódico" **significa** „Zeitung".
Todos los ríos **llegan** al mar.

– *um zeitunabhängige Tatsachen zu beschreiben.*

Mañana **viajamos** a Mallorca y **compramos** la casa.
La próxima vez **pagas** tú, ¿vale?

– *um zukünftige Handlungen oder Ereignisse zu benennen, die unmittelbar bevorstehen.*

Ahora mismo **buscas** las llaves del coche.

– *um einen Befehl als unumgänglich auszudrücken.*

¡Qué raro! Pepe **toma** té.

– *für Handlungen und Ereignisse, die in der Gegenwart stattfinden.*

---

*Für Ereignisse und Handlungen, die in der Gegenwart stattfinden, wird häufig die Verlaufsform mit **estar** + Gerundium verwendet.*

Pepe **está tomando** té.

*Weitere Informationen finden Sie in dem Kapitel „Die Verlaufsform mit **estar** + Gerundium".*

71

Die reflexiven Verben

A las 7 de la mañana Pepe **se despierta** y **se levanta.**

Después **se ducha** y **se lava** los dientes.

Um 7 Uhr morgens wacht Pepe auf und steht auf.

Danach duscht er sich und putzt sich die Zähne.

	levantar**se**	aburrir**se**
(yo)	**me** levanto	**me** aburro
(tú)	**te** levantas	**te** aburres
(él/ella/usted)	**se** levanta	**se** aburre
(nosotros/nosotras)	**nos** levantamos	**nos** aburrimos
(vosotros/vosotras)	**os** levantáis	**os** aburrís
(ellos/ellas/ustedes)	**se** levantan	**se** aburren

Die reflexiven Verben haben immer das Reflexivpronomen bei sich. Ansonsten werden sie wie die anderen Verben konjugiert.

Manuel **se** ducha todos los días.

Ahora está duchánd**ose.**

Después va a vestir**se.**

Manuel, ¡láva**te** también el pelo!

Die Reflexivpronomen stehen normalerweise vor dem konjugierten Verb.
An das Gerundium, an den Infinitiv und Infinitivkonstruktionen können sie auch angehängt werden.
An den bejahten Imperativ müssen die Reflexivpronomen angehängt werden.

---

*Die reflexiven Verben weisen wie andere Verben Unregelmäßigkeiten auf, z. B. die Vokalveränderungen im Präsens: **o → ue, e → ie, e → i.***

---

e → ie

	desper**tarse**
(yo)	**me** despierto
(tú)	**te** despiertas
(él/ella/usted)	**se** despierta
(nosotros/nosotras)	**nos** despertamos
(vosotros/vosotras)	**os** despertáis
(ellos/ellas/ustedes)	**se** despiertan

Zu den reflexiven Verben, bei denen bei **yo, tú, él, ella, usted, ellos, ellas** *und* **ustedes** e *zu* ie *wird, gehören u. a.:* **arrepentirse, convertirse en, divertirse, referirse a, sentarse, sentirse.**

o → ue

	acostarse
(yo)	me acu**e**sto
(tú)	te acu**e**stas
(él/ella/usted)	se acu**e**sta
(nosotros/nosotras)	nos acostamos
(vosotros/vosotras)	os acostáis
(ellos/ellas/ustedes)	se acu**e**stan

Zu den reflexiven Verben, bei denen bei **yo, tú, él, ella, usted, ellos, ellas** *und* **ustedes o** *zu* **ue** *wird, gehören u. a.:* **acordarse de, dormirse, probarse.**

e → i

	despedirse
(yo)	me desp**i**do
(tú)	te desp**i**des
(él/ella/usted)	se desp**i**de
(nosotros/nosotras)	nos despedimos
(vosotros/vosotras)	os despedís
(ellos/ellas/ustedes)	se desp**i**den

Zu den reflexiven Verben, bei denen bei **yo, tú, él, ella, usted, ellos, ellas** *und* **ustedes e** *zu* **i** *wird, gehört u. a.:* **vestirse.**

Unregelmäßige Formen

	ponerse	caerse	darse prisa
(yo)	me pongo	me caigo	me **doy** prisa
(tú)	te pones	te caes	te das prisa
(él/ella/usted)	se pone	se cae	se da prisa
(nosotros/nosotras)	nos ponemos	nos caemos	nos damos prisa
(vosotros/vosotras)	os ponéis	os caéis	os dais prisa
(ellos/ellas/ustedes)	se ponen	se caen	se dan prisa

Sind die Verben in ihrer nicht reflexiven Form unregelmäßig, dann sind sie natürlich auch in ihrer reflexiven Form unregelmäßig.

1. Wie im Deutschen können einige Verben sowohl reflexiv als auch nicht reflexiv verwendet werden, z. B. **lavar** *(waschen)* und **lavarse** *(sich waschen).*
Allerdings ändert sich dabei manchmal ihre Bedeutung, z. B.
despertar *(wecken)* – **despertarse** *(aufwachen),* **ir** *(gehen)* – **irse** *(weggehen),* **comer** *(essen)* – **comerse** *(etwas aufessen),* **dormir** *(schlafen)* – **dormirse** *(einschlafen).*
Es gibt auch einige Wendungen mit **dar** in der reflexiven Form, z. B.
darse cuenta de, darse prisa.

2. Einige Verben werden im Spanischen reflexiv gebraucht, im Deutschen aber nicht, z. B.
casarse *(heiraten),* **despertarse** *(aufwachen),* **llamarse** *(heißen),* **levantarse** *(aufstehen)* usw.
Es gibt aber auch Fälle, bei denen es umgekehrt ist, z. B. **cambiar** *(sich verändern, wechseln).*

73

Verben mit Dativ

¡Uf! ¡**Me faltan** 500 pesetas!
Eso no **me gusta** nada.

Uff! Es fehlen mir 500 Peseten!
Das gefällt mir gar nicht.

Einige spanische Verben wer-
den von einem indirekten Ob-
jektpronomen begleitet und
bilden folgende Satzstruktur:

(a mí)	**me**		
(a ti)	**te**	gusta	→ viajar
(a él/ella/usted)	**le**		→ la casa
(a nosotros/nosotras)	**nos**		
(a vosotros/vosotras)	**os**	gust**an**→	las casas
(a ellos/ellas/ustedes)	**les**		

- *Das Verb steht in der 3. Person*
  Einzahl, wenn ihm ein Infinitiv
  oder ein Substantiv in der
  Einzahl folgt.
- *Das Verb steht in der 3. Person*
  Mehrzahl, wenn ihm ein Subs-
  tantiv in der Mehrzahl folgt.
- *Das indirekte Objektpronomen*
  darf nicht weggelassen werden,
  während die Verdoppelung
  *mit a **mí**, a **ti** usw. nur zur*
  Bekräftigung beiträgt.

Weitere Informationen zur Verdoppelung finden Sie im Unterkapitel „Verdoppelung
von Akkusativ- und Dativpronomen" bei den Personalpronomen.

Die folgenden Verben werden mit einem
indirekten Objektpronomen verwendet
und wie folgt übersetzt:

me	interes**a**	*es interessiert mich*
	gust**a**	*es gefällt mir, ich mag*
te	encant**a**	*es gefällt dir sehr*
	d**a** igual	*es ist dir egal*
le	parec**e** bien/mal	*es scheint ihm/ihr/Ihnen gut/schlecht,*
		er/sie/es findet/Sie finden es gut/schlecht
	preocup**a**	*es erfüllt ihn/sie/es/Sie mit Besorgnis*
nos	molest**a**	*es stört uns*
	enfad**a**	*es ärgert uns*
os	pas**a**	*es passiert euch*
	duel**e**	*es tut euch weh*
les	falt**a**	*es fehlt ihnen/Ihnen*

74

1. Zuordnen

Ordnen Sie die **Verben** der entsprechenden Spalte zu.

vivís dais puedo vemos trabajan habla
sé prefiere vamos bebes prefieren encuentras

yo	tú	él/ella/usted
____	____	____
____	____	____

nosotros/nosotras	vosotros/vosotras	ellos/ellas/ustedes
____	____	____
____	____	____

2. Ergänzen

Ergänzen Sie die **fehlenden Verbformen.**

Infinitiv	yo	tú	él/ella/usted	nosotros/nosotras	vosotros/vosotras	ellos/ellas/ustedes
1.			estudia		estudiáis	
2. vender		vendes				
3.						escriben
4. estar		estás				
5.			hace	hacemos		
6. entender					entendéis	
7.		te acuestas				se acuestan
8. ofrecer				ofrecemos		
9.	vengo				venís	
10.			se viste		os vestís	

3. Einsetzen

*Setzen Sie die passende Form des angegebenen **Verbs im Präsens** ein.*

1. *Reportera:*   Aquí, de Radio 1, nosotros _____ haciendo una entrevista con

                 estar

personas que _____ animales. Yo _____ a empezar

            tener   *ir*

con esta señora ... Perdone, ¿usted _____ algún animalito

                        tener

en su casa?

2. *Sra. Morales:*   Yo sí, bueno, le _____ que mi gato _____ mucho

                   contar   *irse*

por ahí y casi no lo _____ , pero por las noches siempre

                   ver

_____ . Claro, cuando _____ comer ...

   volver   *querer*

Y también _____ en la casa.

            dormir

3. *Reportera:*   Y tú, pequeñita, ¿ese perrito, _____ tuyo?

                           ser

4. *Blanca:*   Sí. _____ Nerón y me _____ a todas partes.

       llamarse   *seguir*

Los dos _____ mucho, y él me _____

            divertirse   *querer*

más que a nadie.

5. *Reportera:*   Vosotros _____ los mejores amigos, ¿verdad? Y, ¿qué

               ser

_____ tu mamá de Nerón?

     decir

6. *Sra. Garrido:* Yo _____ que los perros _____ algo muy bueno

           pensar   *ser*

para los niños. No sólo _____ con ellos, también

                 jugar

_____ a tener una responsabilidad. Claro que yo

      aprender

_____ con el perrito todas las mañanas, le _____ su

   salir   *poner*

comida, en fin, _____ trabajo. Y también _____

          significar   *costar*

un poco de dinero. Pero Nerón _____ pequeño y no

                ser

_____ mucho, por suerte.

   comer

4. Vervollständigen

*Welche Form hat das Verb? Ergänzen Sie ein **n**, falls das Verb in der 3. Person Mehrzahl stehen muss.*

1. **Nos duele___** los brazos.

2. ¡Mmmh! **Me encanta___** las gambas. ¿A ti también **te gusta___**?

3. **Nos molesta___** trabajar los sábados.

4. No **me interesa___** mucho la historia. Esos temas **me da** ____ igual, la verdad.

Das Perfekt

Esta semana **hemos tenido** mucho trabajo.
Nunca **hemos ido** a ese restaurante.

Diese Woche haben wir viel Arbeit gehabt.
Wir sind nie in dieses Restaurant gegangen.

Bildung des Perfekts

(yo)	**he**	traba**jado**
(tú)	**has**	es**tado**
(él/ella/usted)	**ha**	te**nido**
(nosotros/nosotras)	**hemos**	com**ido**
(vosotros/vosotras)	**habéis**	sal**ido**
(ellos/ellas/ustedes)	**han**	discut**ido**

*Das Perfekt wird gebildet mit dem Präsens von **haber** und dem Partizip Perfekt. Die entsprechenden Formen von **haber** stehen immer direkt vor dem Partizip Perfekt, das immer unveränderlich ist.*

Bildung des Partizip Perfekts

Regelmäßige Formen des Partizip Perfekts

Das Partizip Perfekt wird gebildet, indem man an den Verbstamm bestimmte Endungen anhängt.

-ar	→	-ado
tom**ar**		tom**ado**

*Bei den Verben, die auf **-ar** enden, wird **-ado** angehängt: **tom** = Verbstamm, **-ado** = Endung → **tomado**.*

-er/-ir	→	-ido
com**er**		com**ido**
s**er**		s**ido**
viv**ir**		viv**ido**
ir		**ido**

*Bei den Verben, die auf **-er** und **-ir** enden, wird **-ido** angehängt, z. B.: **com** = Verbstamm, **-ido** = Endung → **comido**.*

Unregelmäßige Formen des Partizip Perfekts

abrir	→	**abierto**	hacer	→	**hecho**	romper	→	**roto**
decir	→	**dicho**	morir	→	**muerto**	ver	→	**visto**
escribir	→	**escrito**	poner	→	**puesto**	volver	→	**vuelto**

77

Gebrauch

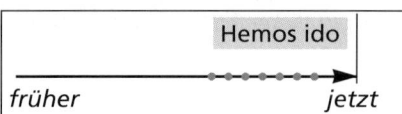

Hemos ido
früher   jetzt

Grundbedeutung:
„Was ist vor kurzem passiert?"
„Was ist bis jetzt (noch nicht) passiert?"

Aufgepasst! Der Gebrauch des Perfekts im Spanischen ist völlig anders als der Gebrauch des deutschen Perfekts. Dies liegt daran, dass das Spanische eine zusätzliche Vergangenheitszeit, das Indefinido, kennt, in der die meisten Handlungen und Ereignisse ausgedrückt werden. Im Deutschen werden diese Handlungen meist im Perfekt wiedergegeben.

Indefinido im Spanischen: Ayer **fui** a Madrid.
Perfekt im Deutschen: Gestern **bin ich** nach Madrid **gefahren.**

Weitere Informationen über das Indefinido erhalten Sie in den folgenden Kapiteln: „Das Indefinido", „Das Indefinido und andere Zeiten".

Im Perfekt stehen:

Pepa, Luis **ha llamado** hace unos minutos.
Este año **he tenido** suerte.

– Handlungen oder Ereignisse, die vor kurzer Zeit stattgefunden haben.

Habéis visto el parque Güell, ¿verdad?

– Handlungen oder Ereignisse, deren Auswirkungen bis in die Gegenwart reichen.

Todavía no **hemos hecho** errores.

– noch nicht abgeschlossene Handlungen.

Das Perfekt wird oft mit folgenden Zeitangaben verwendet:

Hoy he recibido una carta de mi hermana. – **hoy, hace un rato, hace un momento;**
¿Has viajado mucho **este año?**   – **este año, esta semana, este verano;**
Ya he entendido todo.   – **ya, todavía no;**
¿Han pensado **alguna vez** en este problema? – **alguna vez, hasta ahora;**
Yo no he ido **nunca** en barco. ¿Y tú?   – **una vez, muchas veces, nunca.**

Das Imperfekt

Cuando **era** niño, **vivía** en un pueblo pequeño que **estaba** cerca de la playa.

Als ich ein Kind war, wohnte ich in einem kleinen Dorf, das in der Nähe des Strandes war.

Bildung

Regelmäßige Formen

Verben auf -ar

	trabaj**ar**
(yo)	trabaj**aba**
(tú)	trabaj**abas**
(él/ella/usted)	trabaj**aba**
(nosotros/nosotras)	trabaj**ábamos**
(vosotros/vosotras)	trabaj**abais**
(ellos/ellas/ustedes)	trabaj**aban**

Wie Sie gemerkt haben, ist das Imperfekt recht unkompliziert.
*Man bildet es, indem man an den Stamm der Verben auf **-ar** die Endungen **-aba**, **-abas**, **-aba**, **-ábamos**, **-abais**, **-aban** anhängt.*

Verben auf -er und -ir

	com**er**	escrib**ir**
(yo)	com**ía**	escrib**ía**
(tú)	com**ías**	escrib**ías**
(él/ella/usted)	com**ía**	escrib**ía**
(nosotros/nosotras)	com**íamos**	escrib**íamos**
(vosotros/vosotras)	com**íais**	escrib**íais**
(ellos/ellas/ustedes)	com**ían**	escrib**ían**

*An den Verbstamm der Verben auf **-er** und **-ir** hängt man die Endungen **-ía, -ías, -ía, -íamos, -íais, -ían** an.*

79

Unregelmäßige Formen

	ser	ir	ver
(yo)	era	iba	veía
(tú)	eras	ibas	veías
(él/ella/usted)	era	iba	veía
(nosotros/nosotras)	éramos	íbamos	veíamos
(vosotros/vosotras)	erais	ibais	veíais
(ellos/ellas/ustedes)	eran	iban	veían

Zum Glück müssen Sie sich im Imperfekt nur drei unregelmäßige Verben merken:
__ser__, __ir__ und __ver__.

Das Imperfekt von __hay__ (es gibt) lautet __había__.

Gebrauch

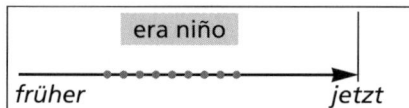

era niño

früher ———————————→ jetzt

Grundbedeutung:
„Wie war es einmal?" oder
„Was war, als (etwas passierte)?"

Im Imperfekt stehen:

Todos los días **comía** con mis padres y después **charlaba** un poco con ellos.

– *Gewohnheiten und sich wiederholende Handlungen.*

Claudia **era** una mujer delgada y simpática que **hablaba** muy bien inglés.

– *Beschreibungen.*

Pedro **estaba** enfermo, le **dolía** el estómago.

– *Zustände.*

Eran las cuatro cuando mi hermano vino. **Iba** por la calle, cuando escuché la noticia.

– *Situationsbeschreibungen in der Vergangenheit, die den Hintergrund für eine neu eintretende Handlung oder ein neu eintretendes Ereignis bilden.*

~ ¿Qué **deseaba**?
≈ **Quería** una blusa talla 38, por favor.

– *einige Höflichkeitsfloskeln.*

Das Imperfekt wird oft bei folgenden Zeitangaben verwendet:
Antes había aquí una casa amarilla.
En aquel entonces la ciudad no era tan grande.
Normalmente, los chicos jugábamos en la calle.
El abuelo nos visitaba **todos los días**.
Con frecuencia íbamos con él a la playa.

– **antes**;
– **(en aquel) entonces**;
– **normalmente**;
– **todos los días**;
– **con frecuencia**.

80

Das Indefinido

~ **¿Fuiste** ayer al estadio de fútbol?

≈ No, pero **escuché** el juego por la radio. **¡Ganamos** 2 a 1!

~ *Bist du gestern ins Fußballstadion gegangen?*

≈ *Nein, aber ich hörte das Spiel im Radio. Wir gewannen 2 zu 1!*

Bildung

Regelmäßige Formen

Verben auf -ar

	trabajar
(yo)	trabaj**é**
(tú)	trabaj**aste**
(él/ella/usted)	trabaj**ó**
(nosotros/nosotras)	trabaj**amos**
(vosotros/vosotras)	trabaj**asteis**
(ellos/ellas/ustedes)	trabaj**aron**

Das Indefinido wird gebildet, indem man an den Verbstamm der Verben auf -ar die Endungen -é, -aste, -ó, -amos, -asteis, -aron anhängt.

Achten Sie bitte bei der Aussprache der 3. Person Einzahl auf den Akzent.
Vergleichen Sie: (yo) **trabajo** = *Präsens* (él/ella/usted) **trabajó** = *Indefinido.*

Verben auf -er und -ir

	comer	escribir
(yo)	com**í**	escrib**í**
(tú)	com**iste**	escrib**iste**
(él/ella/usted)	com**ió**	escrib**ió**
(nosotros/nosotras)	com**imos**	escrib**imos**
(vosotros/vosotras)	com**isteis**	escrib**isteis**
(ellos/ellas/ustedes)	com**ieron**	escrib**ieron**

Sie haben sicher entdeckt, dass die Verben auf -er und -ir dieselben Endungen haben. Das Indefinido wird gebildet, indem man an den Verbstamm der Verben auf -er und -ir die Endungen -í, -iste, -ió, -imos, -isteis, -ieron anhängt.

*Ihnen ist sicherlich bereits aufgefallen, dass die Indefinidoformen der 1. Person Mehrzahl bei den Verben auf -ar und -ir identisch mit den Präsensformen sind, z. B. **trabajamos** und **escribimos**. Normalerweise führt dies aber zu keinen Verwechslungen, da man in der Regel dem Zusammenhang entnehmen kann, um welche Zeit es sich handelt.*

Unregelmäßigkeiten bei Verben auf -ir mit Vokalveränderungen im Präsens

Bei Verben, die auf -ir enden, und bei denen im Präsens ein Vokalwechsel erfolgt, d. h. von e zu i, von e zu ie oder von o zu ue, weisen auch im Indefinido Unregelmäßigkeiten auf. Sie sind in der 3. Person Einzahl und in der 3. Person Mehrzahl unregelmäßig. Dort erfolgt ebenfalls ein Vokalwechsel:

	e → i seguir	e → ie preferir
(yo)	seguí	preferí
(tú)	seguiste	preferiste
(él/ella/usted)	siguió	prefirió
(nosotros/nosotras)	seguimos	preferimos
(vosotros/vosotras)	seguisteis	preferisteis
(ellos/ellas/ustedes)	siguieron	prefirieron

Bei den Verben der Gruppen e → i und e → ie wird das e in der 3. Person Ein- und Mehrzahl zu i.
Zu dieser Gruppe gehören u. a.:
pedir: pidió, pidieron
repetir: repitió, repitieron
servir: sirvió, sirvieron

divertirse: se divirtió, se divirtieron
sentir: sintió, sintieron.

	o → ue dormir
(yo)	dormí
(tú)	dormiste
(él/ella/usted)	durmió
(nosotros/nosotras)	dormimos
(vosotros/vosotras)	dormisteis
(ellos/ellas/ustedes)	durmieron

Bei den Verben der Gruppe o → ue wird das o in der 3. Person Ein- und Mehrzahl zu u.
Ebenso:
morir: murió, murieron.

Unregelmäßige Formen

	poder
(yo)	**pud**e
(tú)	**pud**iste
(él/ella/usted)	**pud**o
(nosotros/nosotras)	**pud**imos
(vosotros/vosotras)	**pud**isteis
(ellos/ellas/ustedes)	**pud**ieron

Einige Verben haben im Indefinido einen unregelmäßigen Stamm. Alle Verben haben jedoch dieselben Endungen wie **poder**:
-e, -iste, -o, -imos, -isteis, -ieron.

Infinitiv		Indefinidostamm	Endungen
andar:	→	**anduv**	e
estar:	→	**estuv**	iste
poner:	→	**pus**	o
querer:	→	**quis**	imos
saber:	→	**sup**	isteis
tener:	→	**tuv**	ieron
venir:	→	**vin**	

Die aufgeführten Verben haben dieselben Endungen wie **poder**. Das Indefinido von **hay** lautet **hubo**. Die 1. und 3. Person Einzahl der unregelmäßigen Verben haben keinen Akzent, d. h. man betont die vorletzte Silbe, z. B. **pude** und **pudo**.
Im Gegensatz dazu sind die regelmäßigen Formen endungsbetont, z. B.: **trabajé, trabajó.**

	hacer	decir	traer	traducir
(yo)	hice	dije	traje	traduje
(tú)	hiciste	dijiste	trajiste	tradujiste
(él/ella/usted)	**hizo**	dijo	trajo	tradujo
(nosotros/nosotras)	hicimos	dijimos	trajimos	tradujimos
(vosotros/vosotras)	hicisteis	dijisteis	trajisteis	tradujisteis
(ellos/ellas/ustedes)	hicieron	**dijeron**	**trajeron**	**tradujeron**

Eine weitere Besonderheit weisen die Verben auf, deren Indefinidostamm auf **j** endet sowie das Verb **hacer**.

Es sieht so aus, als gäbe es im Indefinido so viele Ausnahmen! Aber keine Angst: Man kann die unregelmäßigen Verben, außer **ser**, **ir**, **dar** und **ver**, in vier Gruppen unterteilen. Dadurch kann man sie sich leichter merken.

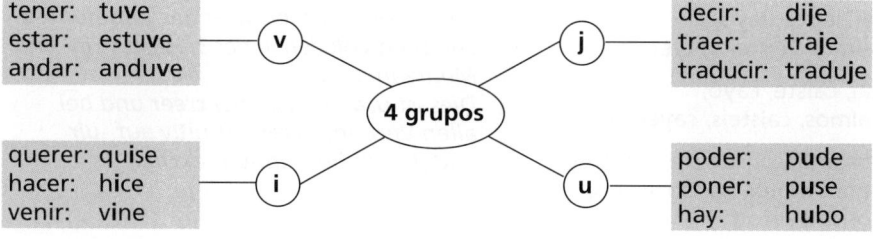

Weitere unregelmäßige Formen

	ser/ir	dar	ver
(yo)	fui	di	vi
(tú)	fuiste	diste	viste
(él/ella/usted)	fue	dio	vio
(nosotros/nosotras)	fuimos	dimos	vimos
(vosotros/vosotras)	fuisteis	disteis	visteis
(ellos/ellas/ustedes)	fueron	dieron	vieron

Ser und *ir* haben dieselben Formen im Indefinido.

Verwandte Verben werden genauso wie das Hauptverb konjugiert, z. B.

Ana **propuso** ir de vacaciones.

– *proponer* wie *poner;*

La empresa **mantuvo** correspondencia con su sucursal.

– *mantener* wie *tener.*

Änderungen in der Schreibweise im Indefinido

Bei Verben, die auf -car, -gar oder -zar enden, ändert sich die Schreibweise, damit die Aussprache erhalten bleibt:

marcar: marqué, marcaste, marcó, marcamos, marcasteis, marcaron

-c- → *-qu-* vor *é,*

pagar: pagué, pagaste, pagó, pagamos, pagasteis, pagaron

-g- → *-gu-* vor *é,*

empezar: empecé, empezaste, empezó, empezamos, empezasteis, empezaron

-z- → *-c-* vor *é.*

leer: leí, leíste, leyó, leímos, leísteis, leyeron

caer: caí, caíste, cayó, caímos, caísteis, cayeron

construir: construí, construiste, construyó, construimos, construisteis, construyeron

Bei einigen Verben wird das unbetonte i zwischen Vokalen in der 3. Person Ein- und Mehrzahl zu y.
Dies ist u. a. der Fall bei creer und bei allen Verben, deren Infinitiv auf -uir endet, z. B. huir, influir, excluir.

Gebrauch

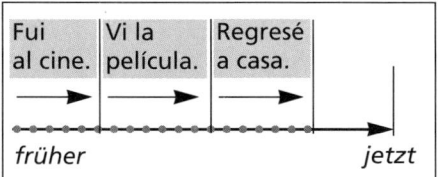

Fui al cine.	Vi la película.	Regresé a casa.

früher ————————————————→ jetzt

Grundbedeutung:
„Was passierte (dann)?" und
„Wie war es letztendlich?"

Im Indefinido stehen:

Recibí una carta de mi hermana.

– *abgeschlossene, einmalige Handlungen.*

En ese año **visitamos** tres veces la fábrica.

– *begrenzt wiederholte Handlungen, die abgeschlossen sind.*

Creo que **fue** un buen año.
La fiesta **me pareció** muy divertida.

– *Verben, die einen Gesamteindruck vermitteln.*

Jimena **abrió** la puerta y **vio** una luz.
   De repente **escuchó** la voz de Manuel.

– *plötzliche oder nacheinander auftretende Handlungen oder Ereignisse, die den Ablauf der Erzählung bzw. das Handlungsgerüst ergeben.*

Das Indefinido ist die Haupterzählzeit der Vergangenheit.

Luis **cambió** de trabajo.
¡Por fin **terminé** mi proyecto!

– *normalerweise Verben, die Wechsel, Anfang oder Ende einer Handlung wiedergeben.*

Das Indefinido wird oft mit folgenden Zeitangaben verwendet:

¿Llamaste **ayer** al banco?

– **ayer, anoche;**

La semana pasada no fuimos al cine.

– **la semana pasada, el mes pasado, el año pasado;**

El hijo menor nació **en 1995**.

– **en (el año) ..., en verano;**

Bibiana estuvo en Guatemala **de** enero **a** marzo.

– **de ... a ...;**

Yo comí **hace unos días** en ese restaurante chino.

– **hace unos días, hace un mes, un día, el otro día;**

De pronto, noté que no tenía mis llaves.

– **de pronto, de repente.**

Das Indefinido und andere Zeiten

Indefinido oder Imperfekt?

Estaba en la universidad
cuando **escuché** la noticia.

*Ich war in der Universität,
als ich die Nachricht hörte.*

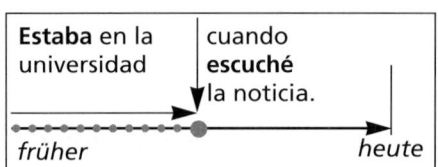

Rahmen: Imperfekt
Handlung: Indefinido

Im Imperfekt werden Umstände, Zustände, Situations- bzw. Hintergrundbeschreibungen geschildert, im Indefinido hingegen wird die neu einsetzende Handlung erzählt.

Die Wahl der einen oder der anderen Zeit ermöglicht es dem Sprecher/der Sprecherin, das Geschehen so zu schildern, wie er/sie es möchte, zum Beispiel als ...

En las vacaciones **iba** todos los días a la playa.

– *Gewohnheit (Imperfekt).*

En las vacaciones **fui** tres veces a la playa.

– *abgeschlossene, sich wiederholende Handlung (Indefinido).*

Cuando estuvimos en Mallorca, **hacía** mal tiempo.

– *Beschreibung (Imperfekt).*

Cuando estuvimos en Mallorca, **hizo** mal tiempo.

– *Bilanz oder Gesamteindruck (Indefinido).*

Todos los sábados **salíamos** a bailar.

– *Gewohnheit (Imperfekt).*

Todos los sábados **salimos** a bailar.

– *abgeschlossene, sich wiederholende Handlung (Indefinido).*

Cuando salimos, **empezaba** a llover.

– *Beschreibung oder Hintergrundschilderung (Imperfekt).*

Cuando salimos, **empezó** a llover.

– *Anfang einer Handlung (Indefinido).*

El curso **terminaba** en noviembre.

– *Beschreibung oder Wiederholung (Imperfekt).*

El curso **terminó** en noviembre.

– *Ende einer Handlung (Indefinido).*

Die Entscheidung, ob das Imperfekt oder das Indefinido die richtige Zeit ist, hängt häufig von der Intention der Sprecher/Sprecherinnen ab. Dennoch ist es für Spanischlernende sinnvoll, sich diejenigen Zeitangaben zu merken, mit denen zusammen in der Regel das Imperfekt oder aber das Indefinido verwendet werden.

Grundsätzlich werden Beschreibungen und sich wiederholende Ereignisse im Imperfekt und neu einsetzende oder aufeinanderfolgende Handlungen, Veränderungen und abgeschlossene Handlungen im Indefinido ausgedrückt.

Bedeutungsnuancen bei einigen Verben

Die Kombination bestimmter Verben mit dem Imperfekt oder Indefinido kann Bedeutungsunterschiede in sich bergen:

No **conocías** a Pepe, ¿verdad?
Du kanntest Pepe nicht, nicht wahr?

conocer + Imperfekt = kennen

¿Cuándo **conociste** a Pepe?
Wann hast du Pepe kennen gelernt?

conocer + Indefinido = kennen lernen

José ya **sabía** el resultado.
José wusste schon das Ergebnis.

saber + Imperfekt = wissen, können

El jueves José **supo** el resultado.
Am Donnerstag erfuhr José das Ergebnis.

saber + Indefinido = erfahren, lernen

Teníamos mucha sed.
Wir hatten viel Durst.

tener + Imperfekt = haben

Después de la paella, **tuvimos** mucha sed.
Nach der Paella bekamen wir viel Durst.

tener + Indefinido = bekommen

Perfekt oder Indefinido?

¡**Fueron** unas vacaciones estupendas!
  ¡Qué lástima que se pasaron tan pronto!
¡**Han sido** unas vacaciones estupendas!
  ¡Qué bien me siento!

Por fin **terminamos** este trabajo.
  Ahora, ¡todos a casa!
Por fin **hemos terminado** este trabajo.
  Quedó muy bien, ¿no creéis?

Wie Sie schon wissen, hängt die Verwendung der einen oder der anderen Zeit häufig von der Intention des Sprechers/der Sprecherin ab.
Beim Indefinido wird das Ereignis oder die Handlung als abgeschlossen dargestellt.
Beim Perfekt wird die Auswirkung einer Handlung oder eines Ereignisses auf die Gegenwart hervorgehoben.

Das spanische Perfekt wird immer in ein deutsches Perfekt übersetzt, aber nicht umgekehrt.

Das Plusquamperfekt

Pepe nunca **había visto** nieve hasta que llegó a Alemania.
El tren todavía no **había salido** cuando llegué a la estación. ¡Qué suerte!

Pepe hatte nie Schnee gesehen, bis er nach Deutschland kam.
Der Zug war noch nicht abgefahren, als ich am Bahnhof ankam. Was für ein Glück!

Bildung

(yo)	**había**	trabaj**ado**
(tú)	**habías**	ten**ido**
(él/ella/usted)	**había**	com**ido**
(nosotros/nosotras)	**habíamos**	visto
(vosotros/vosotras)	**habíais**	puesto
(ellos/ellas/ustedes)	**habían**	hecho

*Das Plusquamperfekt wird mit dem Imperfekt von **haber** und dem Partizip Perfekt gebildet. Das Partizip Perfekt ist unveränderlich.*

Weitere Informationen zur Bildung des Partizip Perfekts finden Sie in dem Kapitel „Das Perfekt".

Gebrauch

No había visto Roma		hasta que fui a Italia.
	cuando era joven	↓
vorher	*früher*	*heute*

Grundbedeutung:
„Was passierte vor einer anderen Handlung?"
„Was war vor einem anderen Zustand?"

La madre estaba preocupada porque a las cinco los chicos no **habían vuelto**.
Antes de ir al médico, Francisco **había tenido** muchos dolores de espalda.
Como nos **habían dicho** que era cumpleaños de Luis, hicimos una fiesta.
Decidimos irnos de Ibiza porque ya **habíamos gastado** todo el dinero.

Das Plusquamperfekt drückt eine Handlung aus, die zeitlich vor einer anderen Handlung bzw. vor einem anderen Zustand in der Vergangenheit stattgefunden hat.

1. Erkennen und Zuordnen

*Welche **Vergangenheitsformen** enthält der Text? Tragen Sie sie in die entsprechenden Spalten ein.*

¿Quién asesinó a Eva Cruz Guerra? Antonio Guerra, su primo, la encontró el sábado por la mañana en el parque.

"He pasado hoy por ahí, como cada mañana", dijo Antonio a este periódico.

"Desde la última fiesta familiar no la había visto más. Bueno, pues como he dicho, iba por el parque... De repente, la vi en un banco: ¡Había muerto, qué horrible!"

Le hemos preguntado si cree que ha habido algún posible motivo.

"Bueno," respondió. "Su hermana Ana y ella siempre habían sido rivales, ¿sabe? Eva también trabajaba en el banco, pero Ana tenía un puesto más importante. Alguna vez las dos me hablaron de un jefe un poco raro, sí. Una vez me dijeron que él odiaba a las mujeres y que por eso el ambiente en el banco era muy tenso para ellas. Y luego... nuestro abuelo fue general y claro, en su vida ha hecho muchos enemigos. No sé, no sé. Realmente no sé quién ha sido."

Indefinido	Imperfekt	Perfekt	Plusquamperfekt
_____ _____	_____	_____	_____
_____ _____	_____	_____	_____
_____ _____	_____	_____	_____
_____ _____	_____	_____	
		_____	

2. Vervollständigen

*Ergänzen Sie die **fehlenden Formen**.*

	Indefinido	Imperfekt	Perfekt	Plusquamperfekt
yo	fui			
tú		ponías		
él/ella/usted			ha estado	
nosotros/nosotras				habíamos sido
vosotros/vosotras	tuvisteis			
ellos/ellas/ustedes		seguían		

3. Einsetzen

*Ergänzen Sie den Text in der **Vergangenheit**. Verwenden Sie dabei **Imperfekt**, **Indefinido** oder **Perfekt**.*

1. ~ La semana pasada yo _____ un billete de100 marcos.
   encontrar

   ≈ ¿De verdad? ¿Dónde _____ ?
   estar

2. El Sr. Perea es un buen candidato para este trabajo. _____ la universidad,
   terminar

   luego _____ dos años en París y _____ en una empresa.
   estar | trabajar

   Por eso, además de que _____ muy bien el francés, ya _____
   aprender | tener

   experiencia en el extranjero.

3. ~ ¿Qué _____ este fin de semana, Julián?
   hacer

   ≈ Pues el sábado no _____ nada especial, pero ayer mi novia y yo
   hacer

   _____ con unos amigos a cenar.
   ir

4. Kombinieren

*Schreiben Sie in die Kästchen, welche Satzhälften **zusammengehören**.*

1. No fui a ver a Lucía	a. hasta que uno la mordió en la pierna.
2. Le compramos un regalo al niño	b. que no estaba lejos de mi casa.
3. Estábamos en casa, muy tranquilos,	c. que quería ver al jefe con urgencia.
4. A Pepa le gustaban los perros,	d. porque sabía que estaba de vacaciones.
5. Un día, llegó un señor	e. porque el martes fue su cumpleaños.
6. Aprendí inglés en una escuela	f. cuando de repente, escuchamos un ruido extraño.

1.	2.	3.	4.	5.	6.

Die nahe Zukunft

~ ¿Qué **vas a hacer** mañana?

≈ **Voy a hacer** una excursión.

~ *Was wirst du morgen machen?/ Was machst du morgen?*

≈ *Ich werde einen Ausflug machen./ Ich mache einen Ausflug.*

Bildung

(yo)	voy	a	comer
(tú)	vas	a	trabajar
(él/ella/usted)	va	a	ducharse
(nosotros/nosotras)	vamos	a	jugar
(vosotros/vosotras)	vais	a	viajar
(ellos/ellas/ustedes)	van	a	cenar

Die nahe Zukunft wird mit der entsprechenden Form von **ir***, der Präposition* **a** *und dem Infinitiv der zukünftigen Handlung gebildet.*

Gebrauch

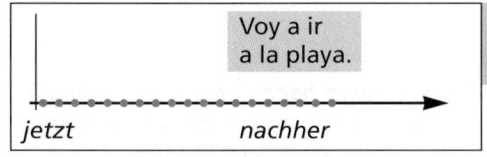

Voy a ir
a la playa.

jetzt   nachher

Grundbedeutung:
„Was passiert nachher?"

El sábado que viene Pedro **va a ir** a Madrid.
Hoy por la noche **vamos a ir** de copas.

Mit **ir a** *+ Infinitiv kann man zukünftige Handlungen oder Vorhaben ausdrücken.*

Das Futur I

Llegaremos en el avión de Berlín.

Wir werden mit dem Flugzeug aus Berlin ankommen.

Lo siento, pero no **podré** ir al baile del sábado.

Es tut mir Leid, aber am Samstag werde ich nicht zum Ball gehen können.

Bildung

Regelmäßige Formen

(yo)	trabajar**é**
(tú)	estar**ás**
(él/ella/usted)	comer**á**
(nosotros/nosotras)	vender**emos**
(vosotros/vosotras)	discutir**éis**
(ellos/ellas/ustedes)	escribir**án**

*Das Futur wird gebildet, indem die Futurendungen **-é, -ás, -á, -emos, -éis, -án** direkt an den Infinitiv der Verben angehängt werden.*

Unregelmäßige Formen

Infinitiv		Futurstamm	Endung
caber:	→	**cabr**	
decir:	→	**dir**	
hacer:	→	**har**	é
poder:	→	**podr**	ás
poner:	→	**pondr**	á
querer:	→	**querr**	emos
saber:	→	**sabr**	éis
salir:	→	**saldr**	án
tener:	→	**tendr**	
valer:	→	**valdr**	
venir:	→	**vendr**	

Einige Verben haben einen unregelmäßigen Stamm. Die regelmäßigen Futurendungen bleiben jedoch erhalten.

*Das Futur von **hay** lautet **habrá**.*

Verwandte Verben unregelmäßiger Verben weisen dieselben Besonderheiten wie das Hauptverb auf.
*So lautet das Futur von **proponer** → **propondré**, von **mantener** → **mantendré** usw.*

Gebrauch

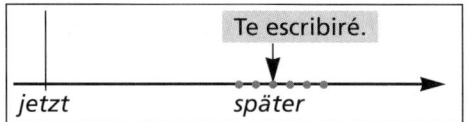

	Te escribiré.
jetzt	*später*

Grundbedeutung:
„Was wird später passieren?"

Im Futur I stehen:

¡Qué ilusión! Mañana a esta hora **estaremos** en la playa.

– *zukünftige Ereignisse, Situationen und Zustände.*

Si no tienes experiencia, no **conseguirás** trabajo.
Tocan a la puerta. ¿Quién **será** a esta hora?
Roberto no **tendrá** dinero, pero es el chico que me gusta.

– *Vermutungen, Zweifel und Wahrscheinlichkeiten.*

Amarás a los demás como a ti mismo.

– *Gebote bzw. Verbote.*

Pero, ¡**serás** tonto, Jorge! ¿Cómo le has prestado dinero a tu hermana? Nunca paga, ¡si lo **sabré** yo!

– *einige Ausdrücke der Übertreibung bzw. des Erstaunens.*

---

*In Nebensätzen mit **cuando** (wenn), **en cuanto** (sobald), **hasta que** (bis) oder **mientras** (solange) wird nicht das Futur verwendet, selbst wenn zukünftige Handlungen zum Ausdruck gebracht werden, sondern der Subjuntivo im Präsens.*

~ Cuando **llegue**, te llamaré enseguida.
≈ Bueno. Me quedaré despierta hasta que **llames**.

Weitere Informationen über den Gebrauch des Subjuntivo entnehmen Sie bitte dem Kapitel „Der Subjuntivo".

93

Das Futur II

Después de terminar el curso, **habréis olvidado** las dificultades.

Nachdem ihr den Kurs beendet habt, werdet ihr die Schwierigkeiten vergessen haben.

¡Esta novela es fascinante! ¿Quién **habrá sido** el asesino?

Dieser Roman ist faszinierend! Wer wird wohl der Mörder gewesen sein?

Bildung

(yo)	**habré**	trabaj**ado**
(tú)	**habrás**	ten**ido**
(él/ella/usted)	**habrá**	com**ido**
(nosotros/nosotras)	**habremos**	**visto**
(vosotros/vosotras)	**habréis**	**puesto**
(ellos/ellas/ustedes)	**habrán**	**hecho**

Das Futur II besteht aus den Futurformen des Hilfsverbs **haber** und dem Partizip Perfekt.
Das Partizip Perfekt ist unveränderlich.

Gebrauch

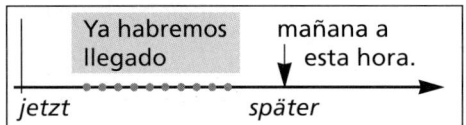

Grundbedeutung:
„Was wird vor einer anderen Handlung in der Zukunft passiert sein?"

Im Futur II stehen:

Dentro de medio año **habré hecho** los exámenes finales.
Mañana a las 8 ya **habremos terminado**.

– *Handlungen oder Zustände, die in der Zukunft vor einer anderen zukünftigen Handlung oder einem zukünftigen Ereignis abgeschlossen sein werden.*

~ ¿Por qué no vino Juan?
≈ No lo **habrán invitado**.

– *Vermutungen über etwas, das wahrscheinlich schon stattgefunden hat.*

¡Se **habrá visto** cosa igual!

– *einige Ausdrücke des Erstaunens.*

Die Verlaufsform mit estar + Gerundium

~ ¿Qué estás **haciendo**, Víctor?
≈ Estoy **escuchando** un nuevo disco compacto.

~ *Was machst du gerade, Víctor?*
≈ *Ich höre mir gerade eine neue CD an.*

Die Verlaufsform

Bildung

(yo)	estoy	comiendo
(tú)	estás	jugando
(él/ella/usted)	está	durmiendo
(nosotros/nosotras)	estamos	hablando
(vosotros/vosotras)	estáis	escribiendo
(ellos/ellas/ustedes)	están	leyendo

*Die Verlaufsform wird mit der entsprechenden Form von **estar** und dem Gerundium der beschriebenen Handlung gebildet.*

Gebrauch

~ ¿Qué **estás haciendo**?
≈ **Estoy escribiendo** una carta.

~ ¿Qué **habéis estado haciendo** toda la tarde, chicos?
≈ Ahora **estamos mirando** el álbum de fotos de la abuela. Antes **estuvimos jugando** en el jardín.

~ ¿**Te** estás divirtiendo?
≈ Sí, **me** estoy divirtiendo mucho.

~ ¿Estás divirtiéndo**te**?
≈ Sí, estoy divirtiéndo**me** mucho.

El español me gusta, por eso **lo** estoy aprendiendo/estoy aprendiéndo**lo**.

Estar + Gerundium wird verwendet, um eine Handlung in ihrem Verlauf zu beschreiben.
Das Gerundium beschreibt sowohl Handlungen, die gerade stattfinden, als auch Handlungen, die bereits stattgefunden haben oder die noch stattfinden werden. Es kann daher in verschiedenen Zeiten auftreten.

Die Reflexivpronomen sowie die direkten und indirekten Objektpronomen stehen entweder vor dem konjugierten Verb oder werden direkt an das Gerundium angehängt. In diesem Fall erhält das Gerundium einen Akzent auf der drittletzten Silbe.

Das Gerundium

Regelmäßige Formen

Das Gerundium wird gebildet, indem man:

-ar	→ -ando
mirar	→ mirando
jugar	→ jugando

– bei den Verben, die auf -ar enden, -ar entfernt und dafür -ando anhängt.

-er	→ -iendo	-ir	→ -iendo
comer	→ comiendo	vivir	→ viviendo
tener	→ teniendo	salir	→ saliendo

– bei den Verben, die auf -er und -ir enden, die Endungen entfernt und dafür -iendo anhängt.

Unregelmäßige Formen

Verben auf -ir mit dem Vokalwechsel: e → i, e → ie

preferir *(ie)*	→	prefiriendo
sentir *(ie)*	→	sintiendo
reír *(i)*	→	riendo
pedir *(i)*	→	pidiendo

Bei den Verben auf -ir, bei denen im Präsens ein Vokalwechsel von e zu ie oder i stattfindet, wird im Gerundium das e zu i.

| venir *(go, ie)* | → | viniendo |
| decir *(go, i)* | → | diciendo |

Dies trifft auch bei den Verben zu, die zusätzlich zu diesem Vokalwechsel noch eine andere Besonderheit aufweisen.

Verben mit dem Vokalwechsel: o → u im Gerundium

dormir	→	durmiendo
morir	→	muriendo
poder	→	pudiendo

Bei diesen Verben auf -ir wird im Gerundium das o zu u.

Verben mit y

leer	→	leyendo
oír	→	oyendo
traer	→	trayendo

Bei Verben, bei denen der Verbstamm auf einem Vokal endet, wird das i zwischen zwei Vokalen zu y.
Ebenso: ir → yendo.

Das Konditional I

¿**Podría** decirme a qué hora llega el tren de Zamora, por favor?

Yo en tu lugar **iría** al médico.

Könnten Sie mir bitte sagen, um wie viel Uhr der Zug aus Zamora ankommt?

An deiner Stelle würde ich zum Arzt gehen.

Bildung

Regelmäßige Formen

(yo)	trabajaría
(tú)	estarías
(él/ella/usted)	comería
(nosotros/nosotras)	venderíamos
(vosotros/vosotras)	discutiríais
(ellos/ellas/ustedes)	escribirían

Das Konditional wird gebildet, indem man an den Infinitiv der Verben die Konditionalendungen -ía, -ías, -ía, -íamos, -íais, -ían anhängt.

Unregelmäßige Formen

Infinitiv		Konditionalstamm	Endung
caber:	→	cabr	
decir:	→	dir	
hacer:	→	har	
poder:	→	podr	ía
poner:	→	pondr	ías
querer:	→	querr	ía
saber:	→	sabr	íamos
salir:	→	saldr	íais
tener:	→	tendr	ían
valer:	→	valdr	
venir:	→	vendr	

Auch im Konditional I gibt es unregelmäßige Verben. Sie haben einen unregelmäßigen Stamm, an den die regelmäßigen Konditionalendungen angehängt werden.

Haben Sie bemerkt, dass die Verben, die im Konditional unregelmäßig sind, auch im Futur unregelmäßig sind und dieselben Besonderheiten aufweisen? Sie müssen also nichts Neues lernen!
Sie wissen sicherlich schon, wie das Konditional folgender Verben lautet:
proponer → **propondría, mantener** → **mantendría**.

Gebrauch

Im Konditional I stehen:

Aquí **podríamos** poner una lámpara, ¿no te parece? En ese caso **habría** mejor luz.

– *Ereignisse, die jetzt oder später unter bestimmten Umständen passieren könnten.*

¿**Sería** tan amable de reservarme una habitación doble?
¿Tú qué nos **recomendarías** comer?

– *höfliche Bitten und Fragen.*

Yo **diría** que ese es Juan Barroso en persona, pero me **gustaría** saberlo.
Yo en vuestro lugar **me quedaría** dos noches en Sevilla.

– *höflich ausgedrückte Wünsche, Meinungen und Ratschläge.*

Si hiciera frío, **podríamos** nadar en la piscina cubierta.

– *irreale Bedingungssätze.*

Weitere Informationen über die irrealen Bedingungssätze finden Sie in dem Kapitel „Der Bedingungssatz".

Serían las nueve de la noche cuando llamó tu hermano.

– *Vermutungen über ein Ereignis/eine Handlung in der Vergangenheit.*

Antes de empezar, nos presentaron a los chicos que **bailarían** con nosotras durante todo el curso.

– *Ereignisse, die von der Vergangenheit aus gesehen noch in der Zukunft liegen.*

¡Qué raro! Rosalba dijo que **vendría** a buscarme y no llega.
(Rosalba dijo: "**Vendré** a buscarte.")

– *Aussagen in der indirekten Rede, wenn das redeeinleitende Verb in der Vergangenheit steht und die Handlung in die Zukunft weist.*

Informationen über die Zeitenfolge in der indirekten Rede entnehmen Sie bitte dem Kapitel „Die indirekte Rede".

Das Konditional II

Yo en tu lugar **habría gastado** menos dinero.

An deiner Stelle hätte ich weniger Geld ausgegeben.

De haber sabido que llovería tanto, me **habría quedado** en casa.

Wenn ich gewusst hätte, dass es so stark regnen würde, wäre ich zu Hause geblieben.

Bildung

(yo)	habría	trabaj**ado**
(tú)	habrías	ten**ido**
(él/ella/usted)	habría	com**ido**
(nosotros/nosotras)	habríamos	visto
(vosotros/vosotras)	habríais	puesto
(ellos/ellas/ustedes)	habrían	hecho

*Das Konditional II besteht aus den Formen des Konditionals I von **haber** und dem Partizip Perfekt.*
Das Partizip Perfekt ist unveränderlich.

Gebrauch

Im Konditional II stehen:

Habríamos utilizado la piscina cubierta en caso de haber hecho frío.

– Ereignisse, die in der Vergangenheit hätten passieren können, wenn sich eine Bedingung erfüllt hätte.

Te **habría llamado** antes, pero no pude. Lo siento.

– Ereignisse, die in der Vergangenheit nicht zustande gekommen sind bzw. versäumt wurden.

Vamos al restaurante. Carlos dijo que a las nueve ya **habrían terminado** el trabajo y que estarían allí.
(Carlos dijo: "A las nueve ya **habremos terminado** y estaremos allí.")

– Aussagen in der indirekten Rede, wenn das redeeinleitende Verb in der Vergangenheit steht und die entsprechende direkte Rede ein Verb im Futur II enthält.

Der Imperativ

Im Gegensatz zum Deutschen gibt es im Spanischen eine Befehlsform für Dinge, die man tun soll, die sich der bejahte Imperativ nennt. Außer dem bejahten Imperativ gibt es noch Formen für Dinge, die man nicht tun soll: der verneinte Imperativ.

Der bejahte Imperativ

~ Luisa, **¡ven** y **mira** qué bonito es esto!	~ *Luisa, komm und schau wie schön dies ist!*
~ **¡Oiga**, camarero!	~ *Hören Sie, Herr Ober!*
≈ Sí, **diga**, señor.	≈ *Ja, sagen Sie, mein Herr.*
~ **Traiga** la cuenta, por favor.	~ *Bringen Sie bitte die Rechnung.*
~ Muchachos, **id** a visitar a la abuela.	~ *Jungs, geht die Oma besuchen.*
≈ No, madre, **vamos** todos.	≈ *Nein Mutter, lass uns alle hingehen.*

Regelmäßige Formen

Die Befehlsform wird bei den regelmäßigen Verben wie folgt gebildet:

Verben auf **-ar**	Verben auf **-er**	Verben auf **-ir**	
tú			*Erteilen Sie einen Befehl an eine Person, die Sie duzen, so ist die Du-Form mit der 3. Person Einzahl Präsens identisch.*
¡compr**a**! ¡habl**a**!	¡vend**e**! ¡beb**e**!	¡discut**e**! ¡escrib**e**!	
vosotros			*Erteilen Sie einen Befehl an mehrere Personen, die Sie duzen, so wird die Ihr-Form verwendet. Sie wird gebildet, indem das End-**r** des Infinitivs durch **-d** ersetzt wird.*
¡compra**d**! ¡habla**d**!	¡vende**d**! ¡bebe**d**!	¡discuti**d**! ¡escribi**d**!	
nosotros			*Erteilen Sie einer Gruppe einen Befehl, der Sie selbst angehören, so verwenden Sie die Wir-Form. Sie wird gebildet, indem bei den Verben auf **-ar** →**-emos**, bei den Verben auf **-er** und **-ir** → **-amos** an den Verbstamm der 1. Person Einzahl Präsens angehängt werden.*
¡compr**emos**! ¡habl**emos**!	¡vend**amos**! ¡beb**amos**!	¡discut**amos**! ¡escrib**amos**!	

*Erteilen Sie einen Befehl an mehrere Personen, die Sie duzen, wird in der Umgangssprache häufig auf den Infinitiv zurückgegriffen. Es kann auch **a** + Infinitiv verwendet werden.*

Niños, ¡**venir** a la mesa! ¡**A comer**!

Verben auf **-ar**	Verben auf **-er**	Verben auf **-ir**	
usted			*Erteilen Sie einen Befehl an eine Person, die Sie siezen, so werden folgende Endungen an den Verbstamm der 1. Person Einzahl Präsens angehängt:*
¡compr**e**! ¡habl**e**!	¡vend**a**! ¡beb**a**!	¡discut**a**! ¡escrib**a**!	*Verben auf **-ar** → **-e**,* *Verben auf **-er** und **-ir** → **-a**.*
ustedes			*Erteilen Sie einen Befehl an mehrere Personen, die Sie siezen, so werden folgende Endungen an den Verbstamm der 1. Person Einzahl Präsens angehängt:*
¡compr**en**! ¡habl**en**!	¡vend**an**! ¡beb**an**!	¡discut**an**! ¡escrib**an**!	*Verben auf **-ar** → **-en**,* *Verben auf **-er** und **-ir** → **-an**.*

Regelmäßige „unregelmäßige" Formen

Wenn man die richtige Ableitung kennt, sind viele zunächst unregelmäßig anmutende Formen regelmäßig.

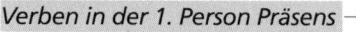

Verben in der 1. Person Präsens →	*Imperativ mit **usted***
Tengo mucho dinero.	→ **Tenga**, señorita. Aquí está su cambio.
Hago ejercicio todos los días.	→ **Haga** el favor de venir un momento.
¿**Pido** un refresco?	→ ¡**Pida** una sangría! ¡Pago yo!

*Alle Imperative mit **usted**, **ustedes** und **nosotros** leiten sich von der 1. Person Einzahl Präsens ab und erhalten die entsprechenden Endungen, z. B.:*

yo **conduzco** → ¡**conduzc**a, **conduzc**an, **conduzc**amos!

yo **corrijo** → ¡**corrij**a, **corrij**an, **corrij**amos!

*An den Stamm der Verben auf **-ar** fügt man für **usted**, **nosotros** und **ustedes** jeweils die Endungen **-e**, **-emos** und **-en** an. An den Stamm der Verben auf **-er** und **-ir** werden jeweils **-a**, **-amos** und **-an** angehängt.*

*Übrigens, die Formen des Imperativs für **usted**, **nosotros** und **ustedes** sind mit den Präsensformen des Subjuntivo identisch.*

Die wichtigsten unregelmäßigen Formen

	decir	hacer	poner	salir
tú	¡di!	¡haz!	¡pon!	¡sal!
vosotros	¡decid!	¡haced!	¡poned!	¡salid!
usted	¡diga	¡haga!	¡ponga!	¡salga!
ustedes	¡digan!	¡hagan!	¡pongan!	¡salgan!

	tener	venir	ver
tú	¡ten!	¡ven!	¡ve!
vosotros	¡tened!	¡venid!	¡ved!
usted	¡tenga!	¡venga!	¡vea!
ustedes	¡tengan!	¡vengan!	¡vean!

	dar	estar	ir	ser
tú	¡da!	¡está!	¡ve!	¡sé!
vosotros	¡dad!	¡estad!	¡id!	¡sed!
usted	¡dé!	¡esté!	¡vaya!	¡sea!
ustedes	¡den!	¡estén!	¡vayan!	¡sean!

Der verneinte Imperativ

~ Luisa, ¡pon la mesa!
≈ No, **no** la **pongas**. Vamos a comer fuera.

~ ¡Chicos, comprad ese juego!
≈ No, **no** lo **compréis**, ¡es demasiado caro!

~ Vamos a la playa.
≈ No, **no vayamos**. Es demasiado tarde.

~ *Luisa, deck den Tisch!*
≈ *Nein, deck ihn nicht. Wir gehen essen.*

~ *Kinder, kauft dieses Spiel!*
≈ *Nein, kauft es nicht, es ist zu teuer!*

~ *Lasst uns an den Strand gehen.*
≈ *Nein, lasst uns nicht hingehen. Es ist zu spät.*

	Verben auf **-ar**	Verben auf **-er**	Verben auf **-ir**
tú	no compres	no vendas	no discutas
usted	no compre	no venda	no discuta
nosotros	no compremos	no vendamos	no discutamos
vosotros	no compréis	no vendáis	no discutáis
ustedes	no compren	no vendan	no discutan

Der einzige Unterschied der Formen des verneinten Imperativs zu den Präsensformen des jeweiligen Verbs besteht darin, dass:
*– Verben, die auf **-ar** enden, die Endungen mit **-e-** bilden.*
*– Verben, die auf **-er** und **-ir** enden, die Endungen mit **-a-** bilden.*

Die Formen des verneinten Imperativs sind identisch mit den Präsensformen des Subjuntivo.

Informationen über unregelmäßige Formen entnehmen Sie bitte dem Kapitel „Der Subjuntivo".

Der Imperativ und die Personalpronomen

Die Stellung der Pronomen beim bejahten Imperativ

¡Siénta**te**!
¡Tráiga**me** otra cerveza, por favor!

~ ¿Qué pensáis, me compro el chalet o no?
≈ ¡Cómpra**telo**!

~ ¿Me pongo el vestido negro?
≈ Sí, pón**telo**. Es muy sexy.

Direkte und indirekte Objektpronomen sowie Reflexivpronomen werden an den Imperativ immer angehängt.
Damit die Betonung erhalten bleibt, wird ein Akzent gesetzt.
Stehen mehrere Pronomen in einem Satz, halten sie folgende Reihenfolge ein:

| *Reflexivpronomen/ Indirektes Objekt- pronomen* | → | *Direktes Objekt- pronomen* |

Wird ein Reflexivpronomen angehängt,

– *dann fällt das -d der vosotros-Form weg:*

¡Sent**aos**!
¡Lav**aos** los dientes!

sentad + os → *senta**os**,*
lavad + os → *lava**os**.*

¡Idos! bildet eine Ausnahme.

– *dann fällt das -s der nosotros-Form weg:*

¡Vám**onos**!

vamos + nos → *vám**onos**.*

Die Stellung der Pronomen beim verneinten Imperativ

~ ¿Qué pensáis, me compro el chalet o no?
≈ No, no **te lo** compres.

Beim verneinten Imperativ stehen die Pronomen wie gewohnt vor dem Verb.

Im Imperativ stehen:

Pasa y **siéntate**. ¿En qué puedo ayudarte?
Venid todos a las nueve y **traed** a todos vuestros amigos, ¿vale?
Ponga dos huevos y cinco cucharadas de azúcar.
Abran sus libros en la página 15 y **lean** el texto.
No llegues tarde, ¿eh?

– *Einladungen, Anweisungen, Bitten und Befehle.*

Mejor **no llames** a esta hora, Alejandro. Es muy pronto.
¡**Ten** paciencia y **espera** un poco más!

– *Ratschläge.*

Quejémonos en la recepción y **veamos** qué solución nos proponen.

– *Vorschläge.*

¡**Oiga**!
¡**Dígame**!
Tenga.
¡**Déjalo, no** te **preocupes**!
Gracias, **no** se **moleste**.
¡**Anda**! **No** me **digas**. ¡**Cuenta, cuenta**!

– *häufige Redewendungen und Höflich-keitsfloskeln.*

Viele Möglichkeiten Aufforderungen auszudrücken

Im Spanischen gibt es abgesehen von der Befehlsform, dem Imperativ, viele Möglich-keiten Aufforderungen, Befehle oder Anweisungen zu erteilen:

Niños, ¡**venir** a la mesa! ¡**A comer**!
Vamos a tomar una cerveza, chicos.

¿**Por qué no hacemos** una pausa?
¿**Puedes venir** un momento, por favor?
¿**Quieres ayudarme**, por favor?
¿**Podrías ayudarme**, por favor?
Quiero que vengas, por favor.
Es importante que no faltes.
Amarás a los demás como a ti mismo.

– *Infinitiv oder a + Infinitiv,*
– *vamos a + Infinitiv, wenn sich der Spre-cher/die Sprecherin mit einschließt,*
– *por qué no + Satz,*
– *poder + Infinitiv,*
– *querer + Infinitiv,*
– *Konditional I,*
– *Verb des Wünschens + Subjuntivo,*
– *unpersönlicher Ausdruck + Subjuntivo,*
– *Futur I (schriftlich, formell).*

1. Fragen und Antworten

*Ergänzen Sie zunächst die Fragen mit **ir a + Infinitiv** und beantworten Sie sie
anschließend mit Hilfe der angegebenen Verben.*

1. hacer   ~ Pepe, ¿qué _____ esta tarde?

  leer   ≈ _____ un libro.

2. hacer   ~ Hola chicas, ¿qué _____ mañana?

  jugar   ≈ _____ al tenis.

3. ir   ~ ¿Adónde _____ tu novia en las vacaciones?

  ir   ≈ _____ a España.

4. pasar   ~ ¿Dónde _____ el fin de semana, señores?

  quedarse ≈ _____ en casa.

2. Notieren

*Schreiben Sie auf, was die abgebildeten Personen **gerade tun.***

1.

Mi hermano _____

_____

2.

La jefa _____

_____ por teléfono.

3.

Los Martínez _____

_____

4.

Lina y Sara _____

_____

5.

Pepe y Julia _____

_____ la montaña.

6.

Don Rogelio _____

_____ cosas.

3. Vervollständigen

*a.) Vervollständigen Sie den Text mit Hilfe der angegebenen Verben. Verwenden Sie das **Futur I**.*

1. Mañana _____ buen tiempo.

hacer

2. Raúl y yo _____ de excursión.

ir

3. _____ temprano.

salir

4. Yo _____ paella.

hacer

5. Él _____ el vino y el pan.

traer

6. _____ un bonito domingo.

ser

b.) Übermorgen werden die beiden schon ihren Ausflug hinter sich haben. Geben Sie Auskunft darüber, was sie gemacht haben werden.

1. Pasado mañana el fin de semana ya _____ .

pasar

2. Raúl y yo _____ en el campo.

relajarse

3. _____ un bonito domingo.

ser

4. _____ bastante tarde a casa.

volver

4. Reagieren

*Entscheiden Sie und verwenden Sie das unterstrichene Verb im **Konditional I**.*

La situación económica es difícil.

1. ¿Es buena idea **guardar** dinero en casa?

   No, yo no *guardaría dinero en casa* .

2. ¿Es buena idea **poner** los ahorros en el banco?

   Sí, mis padres dicen que ellos _____ .

3. ¿Es buena idea **gastar** mucho?

   Tú seguramente no _____ ¿verdad?

4. ¿Es buena idea **pedir** un crédito al banco?

   Sí, nosotros mejor _____ .

5. ¿Es buena idea **comprar** una casa?

   De ser posible, mi hermana _____ .

6. ¿Es buena idea **tener** dos trabajos?

   No, yo definitivamente no _____ .

5. Einordnen

*Entscheiden Sie, wo die **Imperative** einzuordnen sind. Tragen Sie die entsprechenden Ziffern in die jeweiligen Kästchen ein.*

1. ¡Tráemelo!
2. ¡Dígame!
3. ¡Oye!
4. ¡Ponte un jersey!
5. ¡Siéntese!
6. ¡Escúchame!
7. ¡Ayúdenos!
8. ¡Váyase de aquí!
9. ¡Hágalo!

tú   ☐   ☐   ☐   ☐

usted   ☐   ☐   ☐   ☐   ☐

6. Umformen

*Wandeln Sie folgende Beispiele **in negative Befehle** um.*

1. ¡Dígame! → _____

2. ¡Ven! → _____

3. ¡Síganos! → _____

4. ¡Dámelo! → _____

7. Zuordnen

Wer könnte was zu wem gesagt haben? Notieren Sie den entsprechenden Buchstaben in dem dafür vorgesehenen Kästchen vor jedem Satz.

a. un cliente al camarero	c. la jefa a su secretaria
b. una madre a su hijo	d. el fotógrafo al modelo

1. ☐ Ponte un poco más adelante y sube el brazo un poco. Así, quédate así, ¡perfecto!

2. ☐ Corrija la carta y démela enseguida para firmarla. Hay que mandarla hoy mismo.

3. ☐ ¡No hagas tanto desorden en tu habitación, Julito! Vamos, ¡haz la cama y pon la ropa en el armario!

4. ☐ Muéstrenos el menú del día, por favor.

Der Subjuntivo

Subjuntivo Präsens

~ ¡Ojalá **esté** bueno el pollo!
≈ Claro que sí. ¡Qué **aproveche**!

Laura, quiero que **vengas** para que te
  diga algo importante.

~ *Hoffentlich schmeckt das Hähnchen gut!*
≈ *Ja, natürlich. Guten Appetit!*

Laura, ich möchte, dass du kommst,
  damit ich dir etwas Wichtiges sage.

Der spanische Subjuntivo kann nicht mit dem deutschen Konjunktiv gleichgesetzt werden, weshalb wir ihn „Subjuntivo" nennen.
Der Subjuntivo, die Möglichkeitsform, kommt im Spanischen in vielen Nebensätzen vor und gehört sowohl der geschriebenen als auch der gesprochenen Sprache an.

Bildung

Regelmäßige Formen

	Verben auf **-ar**
	comprar
(yo)	compre
(tú)	compres
(él/ella/usted)	compre
(nosotros/nosotras)	compremos
(vosotros/vosotras)	compréis
(ellos/ellas/ustedes)	compren

Die Formen des Subjuntivo Präsens werden gebildet, indem man an den Stamm der 1. Person Einzahl Präsens (yo) bei den Verben, die auf -ar enden, -e, -es, -e, -emos, -éis, -en anhängt.

	Verben auf **-er**	Verben auf **-ir**
	vender	discutir
(yo)	venda	discuta
(tú)	vendas	discutas
(él/ella/usted)	venda	discuta
(nosotros/nosotras)	vendamos	discutamos
(vosotros/vosotras)	vendáis	discutáis
(ellos/ellas/ustedes)	vendan	discutan

Bei den Verben auf -er und -ir werden die Endungen -a, -as, -a, -amos, -áis, -an an den Stamm der 1. Person Einzahl Präsens angehängt.

Die Formen des Subjuntivo sind identisch mit denen des verneinten Imperativs.

Unregelmäßige Formen

Regelmäßige „unregelmäßige" Formen

Infinitiv	yo im Präsens	Subjuntivo Präsens
caer	**caigo**	**caig**a, **caig**as, **caig**a, **caig**amos, **caig**áis, **caig**an
conocer	**conozco**	**conozc**a, **conozc**as, **conozc**a, **conozc**amos, **conozc**áis, **conozc**an
construir	**construyo**	**construy**a, **construy**as, **construy**a …
decir	**digo**	**dig**a, **dig**as, **dig**a, **dig**amos, **dig**áis …
oír	**oigo**	**oig**a, **oig**as, **oig**a, **oig**amos, **oig**áis …
pedir	**pido**	**pid**a, **pid**as, **pid**a, **pid**amos, **pid**áis …
poner	**pongo**	**pong**a, **pong**as, **pong**a, **pong**amos …
salir	**salgo**	**salg**a, **salg**as, **salg**a, **salg**amos …
seguir	**sigo**	**sig**a, **sig**as, **sig**a, **sig**amos, **sig**áis **sig**an
tener	**tengo**	**teng**a, **teng**as, **teng**a, **teng**amos …
traer	**traigo**	**traig**a, **traig**as, **traig**a, **traig**amos …
venir	**vengo**	**veng**a, **veng**as, **veng**a, **veng**amos …

Die meisten Verben, die irgendeine Unregelmäßigkeit in der 1. Person Einzahl Präsens (yo) aufzeigen, behalten diese in allen Personen des Subjuntivo Präsens bei.

Verben mit Vokalveränderungen auf -ar und -er

	e → ie	o → ue	u → ue
	pensar	volver	jugar
(yo)	piense	vuelva	juegue
(tú)	pienses	vuelvas	juegues
(él/ella/usted)	piense	vuelva	juegue
(nosotros/nosotras)	pensemos	volvamos	juguemos
(vosotros/vosotras)	penséis	volváis	juguéis
(ellos/ellas/ustedes)	piensen	vuelvan	jueguen

Verben auf -ar und -er mit den Veränderungen e zu ie, o zu ue und u zu ue behalten diese Vokalveränderungen im Subjuntivo Präsens in denselben Personen wie im Indikativ Präsens bei.

Verben mit Vokalveränderung auf -ir

	e → ie	o → ue	e → i
	sentir	dormir	pedir
(yo)	sienta	duerma	pida
(tú)	sientas	duermas	pidas
(él/ella/usted)	sienta	duerma	pida
(nosotros/nosotras)	sintamos	durmamos	pidamos
(vosotros/vosotras)	sintáis	durmáis	pidáis
(ellos/ellas/ustedes)	sientan	duerman	pidan

Bei Verben, die auf -ir enden, sind die Vokalveränderungen im Subjuntivo Präsens dieselben wie im Indikativ Präsens. Nur in der Wir- und Ihr-Form wird das e zu i und das o zu u.

Manchmal passt sich die Schreibweise der Aussprache an:

g → j	corregir → corrija	gu → g	seguir → siga
c → qu	explicar → explique	z → c	empezar → empiece
g → gu	llegar → llegue		

Sehr unregelmäßige Formen

	ser	estar	ir	dar	saber
(yo)	**sea**	**esté**	**vaya**	**dé**	**sepa**
(tú)	seas	estés	vayas	des	sepas
(él/ella/usted)	sea	esté	vaya	dé	sepa
(nosotros/nosotras)	seamos	estemos	vayamos	demos	sepamos
(vosotros/vosotras)	seáis	estéis	vayáis	deis	sepáis
(ellos/ellas/ustedes)	sean	estén	vayan	den	sepan

*Das unpersönliche **hay** hat die Form **haya**.*

Gebrauch

Der Subjuntivo Präsens wird verwendet:

¡Que aproveche!
¡Que cante Mariana!
¡Que te diviertas!

– *in Wendungen, die mit ¡Que ...! eingeleitet werden und die im Allgemeinen
einen Wunsch ausdrücken.*

¡Ojalá gane nuestro equipo!
Quizá sea mejor esperar un poco más.
Probablemente llueva hoy, pero posible-
mente dure poco.
Tal vez tenga usted razón.

– *in Hauptsätzen nach Ausdrücken wie
ojalá, quizá, tal vez, acaso, probablemente, posiblemente usw.*

*Quizá und tal vez können auch mit dem Indikativ stehen, wenn etwas sehr wahr-
scheinlich ist. Ist etwas weniger wahrscheinlich, steht der Subjuntivo.*

Quizá es mejor esperar un poco más.   Tal vez tiene usted razón.

Ven aquí para que te diga algo.
Pedrito ordena su habitación sin que
mamá se lo pida.
No puedes decidir antes de que pienses
bien las cosas.

– *in Nebensätzen nach bestimmten Konjunktionen wie para que, antes de que
oder sin que.*

Subjuntivo oder Indikativ bei cuando, hasta que, mientras und aunque

Der Indikativ steht, wenn sich der Nebensatz auf Tatsachen bezieht, die passiert sind oder normalerweise passieren.

Siempre veo el telediario **cuando termino** de cenar.
Aunque está lloviendo hemos dado un paseo agradable.

Der Subjuntivo steht, wenn sich der Nebensatz auf Zukünftiges bezieht.

~ Llámame **cuando llegues.**
≈ **Hasta que llegue** será muy tarde.
~ Bueno, **mientras llegues** bien, no me preocuparé.
≈ Te llamaré **aunque llegue** tarde.

El jefe **ha pedido que hagáis** esto.
Espero que el tren **llegue** a tiempo.
Quiero que hagan sus deberes.
Mis padres **exigen que** todos **ayudemos** en casa.
El reglamento **prohíbe que** se **fume** aquí.
Prefiero que tú **escojas** el vino.
No le **permito** a mi hijo **que vuelva** muy tarde.
Te **aconsejo que** no **seas** impuntual.
Les **recomiendo que vean** esta película.
Chicos, os **propongo que juguemos** a las cartas.

– *in mit* **que** *eingeleiteten Nebensätzen nach Willensäußerungen, z. B. Wünsche, Befehle, Bitten, Erlaubnis, Rat, Absicht, Vorschläge.*
Zu diesen Verben, die den Subjuntivo verlangen, zählen u. a.:

aconsejar	*pedir*
desear	*permitir*
esperar	*preferir*
estar de acuerdo	*prohibir*
exigir	*proponer*
insistir	*querer*
ordenar	*recomendar*

Me **gusta que vayamos** al cine.
Me **alegra que** por fin **tengamos** dinero para unas vacaciones.
Me **encanta que** os **guste** la película.
Siento que tu esposa **esté** enferma.
Lola **teme que** su novio no **llegue** a tiempo al concierto.
¿Os **preocupa que haya** tantos problemas?
Mi madre **se queja de que** yo **use** su coche.

– *in mit* **que** *eingeleiteten Nebensätzen nach Gefühlsäußerungen, z. B. Freude, Trauer, Furcht, Gleichgültigkeit, Bedauern, Erstaunen.*
Zu diesen Verben, die den Subjuntivo verlangen, zählen u. a.:

alegrarse	*gustar*
detestar	*molestar*
encantar	*preocupar*
enfurecer	*quejarse*
estar contento	*sentir*
estar enfadado	*sorprender*
estar triste	*temer*

Dudo que estemos en buen camino.
Puede ser que Raúl **sea** inteligente.
¡**Parece mentira que** ya **tengas** 18 años!

– *in mit* **que** *eingeleiteten Nebensätzen nach Ausdrücken des Zweifels oder der Unsicherheit, z. B.* **dudar, poder ser, parecer mentira** *usw.*

No creo que sea nada grave.
No pienso que tenga fiebre.
No digo que no esté enfermo.
No estoy seguro de que cambie la dieta.

– *in mit **que** eingeleiteten Nebensätzen nach Verben der persönlichen Meinungsäußerung, des Glaubens und Denkens, die verneint sind, z. B. **no creer, no pensar** usw.*

Wird das Verb der persönlichen Meinungsäußerung, des Glaubens und Denkens im Hauptsatz nicht verneint, so steht der Indikativ.

Creo que tiene fiebre. **Pienso que** usted **necesita** ir al hospital. **Digo que** no **está** enfermo.

Es importante que descansemos.
Es necesario que vayas a la escuela.
Es urgente que pagues el alquiler.
Es posible que vengamos mañana.
Es triste que su padre esté enfermo.
Es increíble que escriba un libro.
Es una costumbre que haya fiestas.
Es una pena que la playa esté llena.
Es una lástima que esté sucia.

– *nach den meisten unpersönlichen Ausdrücken mit der Struktur:*
es + Adjektiv/Substantiv + que.
Weitere unpersönliche Ausdrücke sind u. a.:

es bueno que	*es maravilloso que*
es difícil que	*es mejor que*
es fácil que	*es normal que*
es horrible que	*es peor que*
es lamentable que	*es un éxito que*
es lógico que	*es hora de que*
es malo que	*es una suerte que*

*Hier finden Sie einige Ausnahmen: **es cierto que, es correcto que, es seguro que** und **es verdad que** werden mit dem Indikativ verwendet, während **no es cierto que, no es correcto que, no es seguro que** und **no es verdad que** mit dem Subjuntivo gebraucht werden.*

~ **Es verdad que tenemos** problemas muy graves.
≈ No, **no es verdad que** los problemas **sean** tan graves.

Buscamos **una casa que esté** lejos del centro.
Necesito **un libro que explique** bien la gramática.
Deseo **un reloj que tenga** secundero.

– *in Relativsätzen, wenn nicht Tatsachen, sondern ein Wunsch, eine Möglichkeit oder eine Vorstellung darin zum Ausdruck gebracht werden.*

Infinitivkonstruktion oder Konstruktion mit Subjuntivo
Wenn der Haupt- und der Nebensatz das gleiche Subjekt haben, verwendet man eine Infinitivkonstruktion. Haben der Haupt- und Nebensatz hingegen verschiedene Subjekte, dann gebraucht man den Subjuntivo.

Quiero **que trabajes** menos.	*Ich möchte, dass du weniger arbeitest.*
Quiero **trabajar** menos.	*Ich möchte weniger arbeiten.*
Angélica no cree **que** su amiga **encuentre** trabajo.	*Angélica glaubt nicht, dass ihre Freundin Arbeit findet.*
Angélica no cree **encontrar** trabajo.	*Angélica glaubt nicht, dass sie Arbeit findet.*

112

Subjuntivo Perfekt

¡Espero que **os hayáis divertido!**   *Ich hoffe, dass ihr euch amüsiert habt!*

Bildung

(yo)	haya	trabaj**ado**
(tú)	hayas	ten**ido**
(él/ella/usted)	haya	com**ido**
(nosotros/nosotras)	hayamos	visto
(vosotros/vosotras)	hayáis	puesto
(ellos/ellas/ustedes)	hayan	hecho

*Der Subjuntivo Perfekt wird gebildet, indem man die entsprechenden Formen von **haber** in den Subjuntivo Präsens setzt und das Partizip Perfekt dahintersetzt.*
Das Partizip Perfekt ist unveränderlich.

Weitere Informationen über die unregelmäßigen Partizipien entnehmen Sie bitte dem Kapitel über „Das Perfekt".

Gebrauch

Quiero que mañana **hayas hecho** esto.
Me encanta que me **hayas traído** flores.
No creo que Marcela **se haya olvidado** de tu cumpleaños.
Es mejor que hayas venido también.
Quizá haya tenido un problema y por eso no te ha llamado.
Nos podemos ver **cuando hayas vuelto** de París.
Mueva la salsa **hasta que se hayan mezclado** todos los ingredientes.
¿Conoces a **alguien que haya estado** ya en Venezuela?

Der Subjuntivo Perfekt folgt denselben Regeln wie der Subjuntivo Präsens.
Im Subjuntivo Perfekt stehen bereits geschehene Ereignisse in einem Haupt- oder Nebensatz, der einen Subjuntivo erforderlich macht.
Mit anderen Worten: Drückt man einen Wunsch, ein Gefühl, einen Zweifel, eine Vermutung usw. über etwas aus, das in der unmittelbaren Vergangenheit passiert ist oder zu einem bestimmten Zeitpunkt stattgefunden haben soll, so verwendet man den Subjuntivo Perfekt.

---

*Es ist überhaupt nicht schwer zu erlernen, wann der Subjuntivo Perfekt verwendet wird. Benutzen Sie ihn immer dann, wenn im Nebensatz im Deutschen das Perfekt gebraucht wird und im Hauptsatz ein **Subjuntivo**-Auslöser steht, z. B.:*

Ich möchte, dass du morgen diese Arbeit **gemacht hast**.
Quiero que mañana **hayas hecho** este trabajo.

Subjuntivo Imperfekt

Lulú siempre gasta como si **fuera** millonaria.

Lulú gibt immer so viel aus, als ob sie Millionärin wäre.

Bildung

Es gibt zwei verschiedene Formen für den Subjuntivo Imperfekt im Spanischen. Die Formen mit den Endungen auf -ra sind etwas gebräuchlicher als die Formen mit den Endungen auf -se.
Beim Lesen werden Ihnen allerdings bestimmt beide Formen begegnen.

Verben auf -ar

	trabaj**ar**	
(yo)	trabaj**ara**	trabaj**ase**
(tú)	trabaj**aras**	trabaj**ases**
(él/ella/usted)	trabaj**ara**	trabaj**ase**
(nosotros/nosotras)	trabaj**áramos**	trabaj**ásemos**
(vosotros/vosotras)	trabaj**arais**	trabaj**aseis**
(ellos/ellas/ustedes)	trabaj**aran**	trabaj**asen**

Der Subjuntivo Imperfekt der Verben auf -ar wird von der 3. Person Mehrzahl des Indefinido abgeleitet. Es wird die Endsilbe -ron entfernt, z.B. trabaja~~ron~~ und die Endungen -ra, -ras, -ra, -ramos, -rais, -ran oder die Endungen -se, -ses, -se, -semos, -seis, -sen angehängt.
Die Wir-Form erhält aufgrund der Betonung einen Akzent, z.B. trabajáramos, trabajásemos.

Verben auf -er

	vend**er**	
(yo)	vend**iera**	vend**iese**
(tú)	vend**ieras**	vend**ieses**
(él/ella/usted)	vend**iera**	vend**iese**
(nosotros/nosotras)	vend**iéramos**	vend**iésemos**
(vosotros/vosotras)	vend**ierais**	vend**ieseis**
(ellos/ellas/ustedes)	vend**ieran**	vend**iesen**

Der Subjuntivo Imperfekt der Verben auf -er wird von der 3. Person Mehrzahl des Indefinido abgeleitet. Es wird die Endsilbe -ron entfernt, z.B. vend~~ieron~~, und die Endungen -ra, -ras, -ra, -ramos, -rais, -ran oder die Endungen -se, -ses, -se, -semos, -seis, -sen angehängt. Akzent bei der Wir-Form beachten: vendiéramos, vendiésemos.

114

Verben auf -ir

	vivir	
(yo)	viviera	viviese
(tú)	vivieras	vivieses
(él/ella/usted)	viviera	viviese
(nosotros/nosotras)	viviéramos	viviésemos
(vosotros/vosotras)	vivierais	vivieseis
(ellos/ellas/ustedes)	vivieran	viviesen

*Die Bildung des Subjuntivo Imperfekt der Verben auf -ir erfolgt auf dieselbe Weise wie bei den Verben auf -er. Die Wir-Form erhält einen Akzent, z. B. **viviéramos, viviésemos**.*

Infinitiv	3. Person Mehrzahl des Indefinido	Subjuntivo Imperfekt
dar	**die**ron	**die**ra, **die**ras, **die**ra …
decir	**dije**ron	**dije**ra, **dije**ras, **dije**ra …
estar	**estuvie**ron	**estuvie**ra, **estuvie**ras, **estuvie**ra …
hacer	**hicie**ron	**hicie**ra, **hicie**ras, **hicie**ra …
ir	**fue**ron	**fue**ra, **fue**ras, **fue**ra …
leer	**leye**ron	**leye**ra, **leye**ras, **leye**ra …
poner	**pusie**ron	**pusie**ra, **pusie**ras, **pusie**ra …
seguir	**siguie**ron	**siguie**ra, **siguie**ras, **siguie**ra …
ser	**fue**ron	**fue**ra, **fue**ras, **fue**ra …
tener	**tuvie**ron	**tuvie**ra, **tuvie**ras, **tuvie**ra …
traer	**traje**ron	**traje**ra, **traje**ras, **traje**ra …

Sie können die Formen des Subjuntivo Imperfekt aller Verben von der 3. Person Mehrzahl des Indefinido ableiten.

*Der Subjuntivo Imperfekt von **hay** lautet **hubiera** oder **hubiese**.*

Alle Unregelmäßigkeiten, die für das Indefinido gelten, gelten auch für den Subjuntivo Imperfekt, da er von der 3. Person Mehrzahl des Indefinido abgeleitet wird.

Gebrauch

Der Gebrauch des Subjuntivo Imperfekt folgt denselben Regeln wie der des Subjuntivo Präsens, da er von der 3. Person Mehrzahl abgeleitet wird.

Der Subjuntivo Imperfekt wird verwendet:

El jefe **quería** que le **hicieras** esto.
Nos gustaría que usted nos **explicara** todo.
¡**Fue increíble** que no **hubiera** nadie!
Fernando me **mostró** los regalos de Navidad **sin que** lo **supieran** mis padres.
Mi madre siempre **había querido** que nosotros **tocáramos** el piano.
Cuando tuviera un hijo, Marta **quería** educarlo muy bien.

– wenn im Hauptsatz Imperfekt, Indefinido, Plusquamperfekt oder Konditional I stehen und der Vorgang im Hauptsatz sich gleichzeitig oder später ereignet und im Nebensatz ein Subjuntivo erforderlich ist.

Compraríamos 500 piezas **si** ustedes nos **dieran** un descuento.	– im *si-Satz, wenn es sich um eine unerfüllbare Bedingung handelt.*
Alberto baila **como si fuera** un elefante.	– nach *como si, um etwas Nichtwirkliches in der Gegenwart auszudrücken.*
¡Ojalá me **llamara** Ricardo! ¡Si tan sólo **estuviera** con él!	– in *Wunschausdrücken, die äußerst unwahrscheinlich zu erfüllen sind oder sogar den Tatsachen widersprechen.*

Der Subjuntivo Imperfekt von **querer** *ist eine Höflichkeitsfloskel:*

Quisiera hablar con el Sr. Pérez.	**Ich würde gerne** Herrn Pérez sprechen.
Quisiera una camisa negra, por favor.	**Ich hätte bitte gerne** ein schwarzes Hemd.

Subjuntivo Plusquamperfekt

No sabía que **os hubierais divertido** tanto.	*Ich wusste nicht, dass ihr euch so amüsiert hattet.*

Bildung

(yo)	**hubiera**	(hubiese)	trabaj**ado**
(tú)	**hubieras**	(hubieses)	ten**ido**
(él/ella/usted)	**hubiera**	(hubiese)	com**ido**
(nosotros/nosotras)	**hubiéramos**	(hubiésemos)	**visto**
(vosotros/vosotras)	**hubierais**	(hubieseis)	**puesto**
(ellos/ellas/ustedes)	**hubieran**	(hubiesen)	**hecho**

Der Subjuntivo Plusquamperfekt wird gebildet, indem man die entsprechenden Formen von **haber** *in den Subjuntivo Imperfekt setzt und das Partizip Perfekt dahintersetzt. Die Bildung mit* **hubiera, hubieras** *usw. wird bevorzugt.*

116

Gebrauch

Der Subjuntivo Plusquamperfekt folgt denselben Regeln wie der Subjuntivo Präsens.

Der Subjuntivo Plusquamperfekt wird verwendet:

Quería que para la reunión **hubieras hecho** este trabajo.
Me encantó que **me hubieras traído** flores.
Habría sido una lástima que no **hubiéramos venido**.
Mi padre nos **había pedido** que antes de la fiesta **hubiéramos organizado** todo.

– *wenn im Hauptsatz Imperfekt, Indefinido, Konditional II oder Plusquamperfekt stehen und der Vorgang im Nebensatz vor dem im Hauptsatz stattfindet und ein Subjuntivo erforderlich ist.*

Isabel, **si** te **hubieras casado** con Pepe, no habrías escrito tus novelas.

– *im **si**-Satz , wenn es sich um unerfüllte Bedingungen in der Vergangenheit handelt.*

In der Umgangssprache ersetzt der Subjuntivo Plusquamperfekt häufig das Konditional II und drückt nicht nur unerfüllte Bedingungen, sondern auch unerfüllte Folgen bzw. Tatsachen aus.

Si te hubieras casado con él, te **hubieras quedado** en Chile.

En caso de haber hecho frío, **hubiéramos utilizado** la piscina cubierta.

Te **hubiera llamado** antes, pero no pude. Lo siento.

Gerardo hace **como si** no me **hubiera visto**.

– *nach **como si**, um etwas Nichtwirkliches in der Vergangenheit auszudrücken.*

¡Ojalá Carlos me **hubiera llevado** a Roma!
¡Si tan sólo **hubiera estado** con él!

– *in Wunschausdrücken, die sich nie erfüllt haben.*

Zeitenfolge in Haupt- und Nebensatz beim Subjuntivo

Die Handlung des Nebensatzes kann zum gleichen Zeitpunkt (gleichzeitig), später (nachzeitig) oder vor der Handlung des Hauptsatzes (vorzeitig) stattfinden.

Hauptsatz im Indikativ		Nebensatz im Subjuntivo	
		Gleichzeitige/Nach-zeitige Handlung	Vorzeitige Handlung
		Subjuntivo Präsens	Subjuntivo Perfekt
Präsens Perfekt Futur Imperativ	Quiero He dicho El jefe le **pedirá** **Pídale** a Ana	**que vea** esto.	**que haya visto** esto.
		Subjuntivo Imperfekt	Subjuntivo Plusquamperfekt
Imperfekt Indefinido Plusquamperfekt Konditional	Quería Dije Había dicho Al jefe le **gustaría**	**que vieras** esto.	**que hubieras visto** esto.

Beispiele

Hauptsatz im...   Die Handlung erfolgt

Präsens

Me alegro de que **pagues**.   – *gleichzeitig*
Ich freue mich, dass du bezahlst.
Me alegro de que **pagues** pronto.   – *nachzeitig*
Ich freue mich, dass du bald bezahlst.
Me alegro de que **hayas pagado** ya.   – *vorzeitig*
Ich freue mich, dass du bereits bezahlt hast.

Perfekt

He dicho que **pagues**.   – *gleichzeitig*
He dicho que **pagues** pronto.   – *nachzeitig*
He dicho que para el día 12 **hayas pagado**. – *vorzeitig*

Futur

El banco **pedirá** que **pagues**.   – *gleichzeitig*
El banco **pedirá** que **pagues** pronto.   – *nachzeitig*
El banco **pedirá** que para el día 12 **hayas**   – *vorzeitig*
    pagado.

Indefinido

Nos gustó que **pagaras** a tiempo.   – *gleichzeitig*
Es hat uns gefallen, dass du rechtzeitig
    bezahlt hast.
Nos gustó que **pagaras** al día siguiente.   – *nachzeitig*
Es hat uns gefallen, dass du am nächsten
    Tag bezahlt hast.
Nos gustó que desde antes ya **hubieras**   – *vorzeitig*
    pagado.
Es hat uns gefallen, dass du schon vorher
    bereits bezahlt hattest.

Imperfecto

Me gustaba que siempre **pagaras** a tiempo.   – *gleichzeitig*
Me gustaba que siempre **pagaras** al día   – *nachzeitig*
    siguiente.
Me gustaba que siempre **hubieras**   – *vorzeitig*
    pagado antes de fin de mes.

Konditional I

Me gustaría que **pagaras**.   – *gleichzeitig*
Me gustaría que **pagaras** pronto.   – *nachzeitig*
Me gustaría que ya **hubieras pagado**.   – *vorzeitig*

1. Erkennen

*Finden Sie heraus aufgrund welcher **Wörter der Subjuntivo** verwendet wird und unterstreichen Sie sie.*

Hoy es el día de las protestas en la ciudad.
1. Los padres de familia necesitan que se construyan más escuelas.
2. Los jóvenes dudan que puedan encontrar trabajo.
3. Los conductores piden que sea más fácil llegar al centro.
4. Los ecologistas temen que aumente la contaminación por el tráfico.
5. Algunos no creen que haya tantas problemas en la ciudad.
6. Es natural que vaya tanta gente a las protestas.
7. Es necesario que los ciudadanos digan sus opiniones.

2. Vervollständigen

***Indikativ** oder **Subjuntivo**? Vervollständigen Sie die Sätze mit Hilfe der angegebenen Verben im Indikativ oder Subjuntivo.*

Unas amigas discuten sobre los cuentos para niños.

1. *María:* ¿Creéis que todos los niños _____ cuentos?

leer

2. *Ana:* Yo supongo que la mayoría de los niños los _____ .

leer

3. *Blanca:* Para mí, es importante que se _____ esas tradiciones.

conservar

4. *Pilar:* Pero yo pienso que los cuentos _____ anticuados y temo que los

ser

   cuentos _____ los miedos de los niños porque tienen

aumentar

   personajes malos como monstruos, brujas, magos etc.

5. *Blanca:* Al contrario. En los cuentos, los buenos siempre ganan, y eso permite que

   los chicos se _____ con ellos y _____ más confianza.

identificar   tener

6. *Pilar:* Pero, ¿a ustedes no les molesta que los cuentos _____ brutales?

ser

7. *Ana:* No, no me parece que _____ brutales. Yo creo que _____

ser   ser

   maravillosos y además, ¡es tan agradable que la familia _____

estar

   junta para leer cuentos!

8. *Pilar:* No sé. A lo mejor _____ razón, pero yo, si tengo hijos, no

tener

   creo que les _____ cuentos. Prefiero los juegos de ordenador...

leer

3. Auswählen

*Wählen Sie aus, ob die Sätze mit dem **Subjuntivo Präsens** oder **Subjuntivo Imperfekt** ergänzt werden müssen und umkreisen Sie die korrekten Verbformen.*

1. ~ Mi mujer no quiere que yo   trabaje / trabajara   tanto.

   ≈ Pues antes mi marido no quería que yo   trabaje / trabajara   fuera de casa, pero ha cambiado de opinión.

2. ~ ¿Es verdad que tus padres no querían que vosotros   viváis / vivierais   juntos?

   ≈ Bueno, no era fácil que mis padres   cambien / cambiaran   sus ideas, pero ahora aceptan que   vivamos / viviéramos   juntos.

3. ~ ¿Quiere usted que nosotros   vayamos / fuéramos   a la nueva cafetería?

   ≈ Claro. Hace ya varios días que quería que Pablo y yo   vayamos / fuéramos , pero estaba cerrada. Por eso me parece buena idea.

4. Verbinden

__Verbinden__ Sie die geeigneten Paare miteinander und tragen Sie die Kombinationen in die Kästchen ein.

1. Sería fantástico que vuestros hijos	a. pudieran dar un precio más bajo.
2. Señorita, le agradecería que	b. nos vinieran a visitar en verano.
3. Nos interesaría esta oferta si ustedes nos	c. fuéramos al bosque?
4. ¿Te gustaría que nosotros	d. no le escribierais a vuestra tía para su cumpleaños.
5. ¿Os molestaría	e. usted me enviara pronto estas informaciones.
6. Me parecería mal que vosotras	f. que yo pusiera un poco de música?

1.	2.	3.	4.	5.	6.

Der Gebrauch von ser, estar und hay

~ Mira, ahí **hay** un museo.
≈ Sí, **es** el museo arqueológico y enfrente **está** el museo de arte moderno.

~ Schau, dort ist ein Museum.
≈ Ja, es ist das archäologische Museum und gegenüber ist das Museum für moderne Kunst.

*Das deutsche Wort „sein" kann im Spanischen mit **hay, ser** oder **estar** wiedergegeben werden. Allerdings gibt es dafür gewisse Regeln.*

ser

Ser wird verwendet:

~ ¿Quién **es**?   ~ ¿Qué **es** esto?
≈ **Es** Pedro.   ≈ **Son** libros.

– *zur näheren Bestimmung von Personen und Sachen.*

Pedro **es** colombiano.
Es un actor famoso.
Es católico.
Es el tío de Ana.

– *zur Angabe der Nationalität, des Berufes, der Religionszugehörigkeit, des Verwandtschaftsverhältnisses.*

Mirta **es** rubia y muy atractiva.
Los chicos **son** muy alegres.
Estos zapatos **son** demasiado caros.
El gazpacho **es** una sopa fría.

– *für die Beschreibung charakteristischer Eigenschaften von Personen und Sachen.*

Vergessen Sie nicht, dass das Adjektiv immer dem Substantiv, auf das es sich bezieht, angepasst wird:

El chico es muy **alto**. Las chicas son muy **altas**.

Es verdad.
¡No **es** posible!
Es necesario que estudies mucho.

– *bei unpersönlichen Wendungen.*

El concierto **es** en el antiguo castillo.
La clase va a **ser** en la sala 204.

– *im Sinne von „stattfinden".*

122

Pedro **es** de Bogotá. Mi falda **es** de piel. Este coche **es** del jefe.	– *mit der Präposition **de**, um Herkunft, Material oder Besitz auszudrücken.*
~ ¿Qué fecha **es** hoy? ≈ Hoy **es** el 20 de enero.	– *um Zeitangaben zu machen.*
Es muy tarde, ya **son** las dos. Este trabajo **es** para mañana.	
Diez y cinco **son** quince. El resultado **es** el siguiente: ...	– *bei Ergebnissen.*
Cuzco **es considerada** la ciudad más interesante de los incas.	– *zur Bildung des Passivs zusammen mit dem Partizip Perfekt.*

Weitere Informationen dazu entnehmen Sie bitte dem Kapitel über „Das Passiv".

estar

Estar wird verwendet:

¿Dónde **está** el señor Pérez? ¿**Estaréis** mañana en casa? Guatemala **está** en Centroamérica. Mis zapatos negros no **están** aquí.	– *bei Ortsangaben im Sinne von „sich befinden".*
Mi padre **está** muy bien pero mi madre **está** enferma. **Estamos** muy cansados y tristes. ¿Por qué **estás** tan feliz hoy? Hoy **estás** muy guapa. ¿Por qué **estás** de pie?	– *um vorübergehende Eigenschaften, Zustände oder Körperstellungen auszudrücken.*
Esta chaqueta **está** demasiado cara. La paella **está** deliciosa.	– *zur subjektiven Bewertung von Personen, Sachen und Ereignissen.*
~ Esta falda me **está** un poco larga, ¿no? ≈ ¡Qué va! Te **está** muy bien, Sofía.	

***Bien** und **mal** werden nie mit **ser** verwendet!*

~ ¿Quieres venir conmigo?   ≈ **Está** bien, ya voy.

¡Qué maravilla! ¡Por fin **estamos de vacaciones**!
Yo **estoy a favor** del viaje. Y ustedes,
¿**están de acuerdo** también?

– *bei zahlreichen festen Redewendungen.*

Está prohibido tomar fotos durante la
función, pero después **está permitido**.
Los bancos ya **están cerrados,** señorita.

– *vor Partizipien als Ergebnis einer
Handlung.*

Weitere Informationen dazu entnehmen Sie bitte dem Kapitel über „Das Passiv".

Estamos a diecinueve de marzo.
Las gambas **están a** mitad de precio.
Estamos a dos grados bajo cero.

– *mit der Präposition **a** bei Zeit-, Preis-
und Temperaturangaben.*

Estoy leyendo un libro muy interesante.

– *zur Bildung der Verlaufsform zusammen mit dem Gerundium.*

*Weitere Informationen dazu entnehmen Sie dem Kapitel „Die Verlaufsform mit **estar**
+ Gerundium".*

Unterschiedliche Bedeutungen beim Gebrauch von ser und estar + Adjektiv

*Mit **ser** und **estar** kann man unterschiedliche Bedeutungen ausdrücken, z. B.:*

*– die Beschreibung einer Person (charakteristische Eigenschaft) mit **ser:***

Ana **es** inteligente.	*Ana ist intelligent.*
Paula **es** una chica muy sucia.	*Paula ist ein sehr schmutziges Mädchen.*
Pedro **es** divorciado.	*Pedro ist geschieden.*

*– eine vorübergehende Eigenschaft, eine Veränderung oder eine subjektive Bewer-
tung mit **estar:***

Paco, ¡qué inteligente **estás** hoy!	*Paco, wie intelligent bist du heute!*
La cocina **está** sucia.	*Die Küche ist schmutzig.*
Estoy divorciado desde abril.	*Ich bin seit April geschieden.*

---

hay

*Hay „es gibt" ist unveränderlich. Der Infinitiv von **hay** lautet **haber.***
*Hay bildet sämtliche andere Zeiten, z. B. **había, hubo, ha habido, habrá** usw.*

Hay steht:

¿Dónde **hay** un buen hotel?

– *vor dem unbestimmten Artikel, d. h.*
  ***un, una, unos, unas** + Substantiv.*

Steht nach dem Verb hingegen der bestimmte Artikel, ein Demonstrativpronomen
*oder ein Possessivpronomen, dann steht **estar** und nicht **hay**.*

¿Dónde **está el** hotel de tu tío?
¿Dónde **está este** hotel?
¿Dónde **está vuestro** hotel?

Hay noticias interesantes.

– *vor Substantiven ohne Artikel.*

~ ¿**Hay** algunos problemas?
≈ Sí, **hay** muchos.

– *vor unbestimmten Pronomen, z. B.*
  ***alguno, mucho, poco** usw.*

Hay veinte personas en la fiesta.
Hay medio litro de vino.

– *vor Zahlen oder Mengenangaben.*

Hay que heißt „man muss":

Hay que firmar aquí.

Der Infinitiv

 Me gusta **leer** el periódico antes de **ir** al trabajo para **estar** enterado de lo que pasa.

Ich lese gerne Zeitung bevor ich zur Arbeit gehe, damit ich Bescheid weiß, was passiert.

Formen

 trabaj**ar**
com**er**
viv**ir**

*Der Infinitiv ist die Grundform des Verbs. Im Spanischen gibt es drei unterschiedliche Infinitivendungen: -**ar**, -**er** und -**ir**.*

Gebrauch

Der Infinitiv wird verwendet:

 Debes llamar a tu jefa.
No debes llegar más tarde de las doce.
Hoy **pensamos quedarnos** aquí.
¿Puede venir un momento, señorita?
¿Puedo entrar?
Hoy no **quiero ir** con vosotros.
Tomás **sabe nadar.**
Suelo comer en este bar.

– nach einigen Verben, z. B.
deber (müssen),
no deber (nicht dürfen),
pensar (beabsichtigen),
poder (können/dürfen),

querer (wollen/möchten),
saber (können),
soler (gewöhnlich tun).

Hay que seguir todo recto.
Tengo que terminar este trabajo.
No tienes que explicarme nada.

– nach einigen Verben mit que, z. B.
hay que (man muss),
tener que (müssen),
no tener que (nicht brauchen).

¿Cuándo **empiezas a trabajar?**
¡Voy a llamar a la policía!
¿Por qué **te pones a reír** ahora?
¿Por qué **vuelves a repetir** lo mismo?

– nach einigen Verben mit a, z. B.
empezar a (beginnen zu),
ir a (werden),
ponerse a (anfangen zu),
volver a (noch einmal tun).

El avión **acaba de llegar.**
Por favor, **deja de fumar.**
Trata de llamar más tarde.

– nach einigen Verben mit de, z. B.
acabar de (gerade getan haben),
dejar de (aufhören zu),
tratar de (versuchen zu).

Acabar de wird im Sinne von „gerade getan haben" nur im Präsens und im Imperfekt verwendet. Steht es im Indefinido oder Futur, wird es mit „aufhören zu, beenden" übersetzt.

Acabé de trabajar a las ocho.   *Um acht Uhr hörte ich auf zu arbeiten.*

¿Por qué **insistes en hacer** todo solo?
Sonia y yo **quedamos en ir** al teatro.
El tren **tarda** mucho **en llegar.**

– *nach einigen Verben mit **en**, z. B.*
  ***insistir en** (bestehen auf),*
  ***quedar en** (verabreden zu, verbleiben),*
  ***tardar en** (Zeit brauchen).*

Los domingos me **gusta ir** al campo.
Yo **prefiero comer** paella en casa.

– *nach Empfindungsverben wie **gustar,**
  preferir usw.*

No **es fácil trabajar** en este caos.
Es necesario ir al consulado.

– *nach **es** + Adjektiv, z. B. **es fácil,**
  es necesario usw.*

Antes de entrar, límpiate los zapatos.
Iré al médico **después de llevar** a mi hijo al colegio.
Me alegré mucho **al ver** a mis abuelos aquí.

– *nach einigen Präpositionen wie **antes
  de, después de, por, para** und in der
  Konstruktion **al** + Infinitiv anstelle
  eines Nebensatzes.*

Infinitiv Perfekt

A las 8 ya tengo que **haber terminado** este trabajo, porque quiero **haber llegado** a casa antes que mi esposa.

Um 8 Uhr muss ich diese Arbeit bereits beendet haben, da ich vor meiner Frau zu Hause angekommen sein möchte.

haber trabajado
haber comido
haber vivido
haber dicho

*Der Infinitiv Perfekt wird mit **haber** und dem Partizip Perfekt der entsprechenden Verben gebildet.*

Prefiero no **haber oído** nada.
¿Crees que el asesino puede **haber sido** Alfonso?
Mañana a las once ya voy a **haber visto** a tres clientes.
Es necesario **haber llenado** el formulario antes de entregarlo.
Mariano se arrepintió al **haber mencio- nado** a su ex-novia.

Wie im Deutschen bezieht sich der Infinitiv Perfekt auf eine bereits stattgefundene Handlung oder ein bereits stattgefundenes Ereignis und kommt in denselben Fällen zur Anwendung wie der Infinitiv.

Das Passiv

Vorgangspassiv

Este cuadro **fue pintado por** Leonardo. *Dieses Bild wurde von Leonardo gemalt.*

Este artículo **ha sido publicado.**

Esta noticia **ha sido publicada.**

Estos hoteles **han sido construidos por** arquitectos famosos.

Las máquinas deben **ser reparadas por** nuestro técnico.

Bei dem Vorgangspassiv stehen Vorgänge und die von der Handlung betroffenen Personen oder Sachen im Mittelpunkt.
*Es wird mit **ser** und dem Partizip Perfekt gebildet. Das Partizip Perfekt richtet sich in Geschlecht und Zahl nach dem Satzgegenstand. Allerdings können nur Verben, die ein direktes Objekt haben, in das Passiv gesetzt werden. Der Urheber wird mit **por** hinzugefügt.*

Das Passiv kommt im Spanischen vor allem in der Schriftsprache vor. In der gesprochenen Sprache werden folgende Konstruktionen bevorzugt:

– *se + Verb in der 3. Person Einzahl bei Objekt in der Einzahl, z. B. **centro**:*
  Aquí **se construye** un centro comercial.
– *se + Verb in der 3. Person Mehrzahl bei Objekt in der Mehrzahl, z. B. **casas**:*
  También **se construyen** casas.
– *3. Person Plural des Verbs:*
  Dicen que será todo muy moderno.
– *Aktivform, da jedem Satz im Passiv ein Satz mit der Aktivform entspricht, z. B.:*
  Aktivform: Leonardo   pintó   la Mona Lisa.

  Passivform: La Mona Lisa   fue pintada   por Leonardo.

Zustandspassiv

La Mona Lisa **está pintada** con colores oscuros. *Die Mona Lisa ist mit dunklen Farben gemalt.*

Su vuelo ya **estaba confirmado.**
La tienda **está cerrada.**
Este proyecto **estará terminado** el próximo lunes.

*Ist das Ergebnis im Mittelpunkt, so verwendet man das Zustandspassiv. Es wird mit **estar** + Partizip Perfekt gebildet. Das Partizip Perfekt stimmt in Geschlecht und Zahl mit dem Satzgegenstand überein.*

Sie haben also die Möglichkeit zu unterscheiden, ob der Vorgang oder das Ergebnis wichtig ist, z. B.:
El museo **fue** cerrado. *Das Museum wurde geschlossen.* *Der Vorgang ist wichtig.*
El museo **está** cerrado. *Das Museum ist geschlossen.* *Das Ergebnis ist wichtig.*

1. Einsetzen

*¿**Ser, estar** oder **hay?** Setzen Sie das passende Verb ein.*

1. ~ Oiga, camarero, ¿ _____ Rioja?

    ≈ Sí, señorita, aquí _____. _____ un vino estupendo. _____ muy bueno,
    de verdad.

2. ~ Hola, María, ¿cómo _____?

    ≈ Bien, pero _____ buscando trabajo. Aquí cerca _____ una empresa
    donde buscan secretarias, y como _____ secretaria de idiomas, pues ...

3. ~ Perdón, el Hotel Conquistador, ¿ _____ por aquí?

    ≈ No, señorita, en este pueblo no _____ ningún hotel con ese nombre.
    Pero _____ un hotel, _____ el Hotel Continental. _____ en la Plaza de
    las Flores.

4. ~ ¡Qué raro! En esta fiesta todos _____ diferentes. Normalmente Roberto
    _____ muy serio, pero hoy _____ muy divertido. Y Juan Manuel, que
    normalmente _____ muy simpático, ¡hoy _____ insoportable!

    ≈ Debe _____ por el vino, ¿no crees?

5. ~ ¿A qué fecha _____ (nosotros)?

    ≈ No _____ seguro, ¿qué día _____ hoy?

    ~ _____ jueves, hombre, _____ más perdido que yo.

6. ~ ¿Dónde _____ las ofertas de la casa Rodríguez?

    ≈ _____ en su oficina, Sr. Suárez.

    ~ ¿Cuántas _____?

    ≈ Sólo _____ una oferta de la casa Rodríguez. Pero también _____
    dos faxes de otro cliente.

2. Umformen

*Wandeln Sie folgende Sätze in das **Vorgangspassiv** um.*

1. Bell perfeccionó el teléfono.

    _____

2. Benz y Daimler construyeron los primeros modelos de coches.

    _____

3. Miles de personas han comprado los nuevos ordenadores.

    _____

3. Übersetzen

*a.) Übersetzen Sie folgende Sätze ins Spanische. Verwenden Sie das **Vorgangspassiv**.*

1. Olivia wurde nicht eingeladen.

   _____

2. Die Übungen sind schon korrigiert.

   _____

3. Dieser Wein wird in dieser Gegend produziert.

   _____

4. Dieses Theaterstück wurde von Kindern geschrieben.

   _____

b.) Übersetzen Sie folgende Sätze ins Deutsche.

1. Hoy se escriben más libros que antes.

   _____

2. ¿Dónde venden el mejor pescado?

   _____

3. En todas partes se habla del desempleo.

   _____

4. Aussuchen

*Kreuzen Sie die richtige **Ergänzung** an.*

1. ¡No ... salir por ahí! Está prohibido.

   ☐ a. acabas de   ☐ b. debes   ☐ c. sueles

2. ... verte, te reconocí de inmediato.

   ☐ a. Para   ☐ b. Me gusta   ☐ c. Al

3. Chicos, para llegar a la estación ... tomar un taxi, porque ya no hay tiempo.

   ☐ a. os ponéis a   ☐ b. tenéis que   ☐ c. dejáis de

4. ... salir del hotel, llámame por favor.

   ☐ a. Es fácil   ☐ b. Por   ☐ c. Antes de

5. El señor Mendoza no está, ... irse a casa.

   ☐ a. acaba de   ☐ b. vuelve a   ☐ c. hay que

6. ~ ¿... usted usar este programa de ordenador? ≈ Sí, he hecho dos cursos.

   ☐ a. Sabe   ☐ b. Puede   ☐ c. Va a

Die Verneinung

Einfache Verneinung mit no

~ ¿Quieres café?
≈ **No**, gracias, prefiero té. El café **no** me gusta.
~ Oh, ¡qué pena! **No** tengo suficiente té.

~ ¿Me prestas 1000 pesetas?
≈ **No, no** tengo dinero.

~ *Möchtest du Kaffee?*
≈ *Nein, danke, ich möchte lieber Tee. Kaffee mag ich nicht.*
~ *Oh, wie schade! Ich habe nicht genügend Tee.*

~ *Leihst du mir 1000 Peseten?*
≈ *Nein, ich habe kein Geld.*

Bedeutung von no

~ ¿Tienes hijos? ≈ **No, no** tengo hijos.

No comemos carne.
Manuel **no** trabaja mucho.

*Mit **no** kann man Sätze, Substantive und Verben verneinen.*
***No** wird ins Deutsche mit „nein", „kein" oder „nicht" übersetzt.*

*Die unterschiedlichen Bedeutungen von **no** führen dazu, dass viele Sätze ein **no** am Satzanfang in der Bedeutung von „nein" und ein zweites **no** vor dem konjugierten Verb in der Bedeutung von „nicht" oder „kein" besitzen.*

~ ¿Eres francesa?
≈ **No, no** soy francesa. Soy italiana.

~ ¿Sabes nadar?
≈ **No, no** sé nadar.

~ *Bist du Französin?*
≈ *Nein, ich bin keine Französin. Ich bin Italienerin.*

~ *Kannst du schwimmen?*
≈ *Nein, ich kann nicht schwimmen.*

Stellung von no

No ha llegado el correo.
No nos ha llegado su carta.
No le podemos enviar este producto.
¿Por qué **no** se lo vamos a enviar este mes?

***No** steht vor dem konjugierten Verb. In zusammengesetzten Zeiten steht es deshalb vor dem Hilfsverb.*
In Sätzen mit unbetonten direkten oder indirekten Objektpronomen oder Reflexivpronomen steht es vor diesen.

Mehrfache Verneinung

No conozco a **nadie** aquí.
Pepe **no** dice **nunca nada**.

Ich kenne hier niemanden.
Pepe sagt nie etwas.

Verneinungselemente

*Hier finden Sie Verneinungen, die aus
mehreren Verneinungselementen
bestehen oder bestehen können.
Sie werden wie folgt übersetzt:*

No	compra	**nada.** **nadie.** **nunca.** **tampoco.** **todavía.**		*nichts* *niemand* *nie* *auch nicht* *noch nicht*
		ni **ninguna**	vende. revista.	*weder ... noch* *keine(r, s), niemand*

Stellung der Verneinungselemente

Nada, nadie, nunca, ni ... ni, ninguno, tampoco *und* **todavía** *können vor oder
hinter dem Verb stehen.*

A Paco **no** le gusta **nada**.
No he visto a **nadie** hoy.
No voy a ir **nunca** a la discoteca.
No me gusta **ni** el teatro **ni** el cine.
No tengo **ningún** problema.
Pepe **no** está comiendo **tampoco**.
No he comido **todavía**.

*Stehen sie hinter dem Verb, dann steht
das Wörtchen **no** vor dem konjugierten
Verb bzw. vor dem direkten oder indirek-
ten Objektpronomen oder vor dem
Reflexivpronomen. Diese mehrfache
Verneinung ist die gebräuchlichere
Variante.*

	Die Verneinungselemente bei der mehr-
	fachen Verneinung bilden folgende
	Struktur:
No veo **nada.**	– ***no*** *+ konjugiertes Verb + Verneinungs-*
	element.
No he visto **nada.**	– *in zusammengesetzten Zeiten:*
	no *+ Perfekt + Verneinungselement.*
No puedes hacer **nada.**	– ***no*** *+ Modalverb + Infinitiv + Vernei-*
	nungselement.
No voy a hacer **nada** mañana.	– *in der nahen Zukunft:*
	no *+* ***ir a*** *+ Infinitiv + Verneinungs-*
	element.
Pepe **no** está haciendo **nada.**	– *in der Verlaufsform:*
	no *+* ***estar*** *+ Gerundium + Verneinungs-*
	element.
Nada le gusta.	*Stehen* ***nada, nadie, nunca, ni ... ni, nin-***
Nadie ha venido.	***guno*** *und* **tampoco** *vor dem Verb, dann*
Nunca voy a ir a la discoteca.	*entfällt* ***no.***
Ni el teatro **ni** el cine son interesantes.	
Ningún problema me preocupa.	
Pepe **tampoco** ha comido.	
Todavía no he comido.	*Stehen* ***todavía*** *und* ***ya*** *vor dem Verb,*
Ya no trabajo, estoy jubilado.	*dann folgt ihnen* ***no.***

---

*Man kann auch Sätze mit verschiedenen Verneinungselementen bilden, allerdings
haben sie eine andere Bedeutung als im Deutschen.*

Nadie sabe **nada.**	*Niemand weiß etwas.*
Ya no escribiré **nunca jamás nada.**	*Ich werde nie mehr etwas schreiben.*

Die Satzstellung

Der Aussagesatz

~ ¿Qué haces?
≈ **Trabajo.**

Im Spanischen kann ein Verb alleine schon einen Satz bilden, da man an den Endungen der Verben schon die entsprechende Person erkennt.

Bei mehreren Elementen gilt folgende Reihenfolge:

Satzgegenstand	(Objektpronomen)	Satzaussage	direktes Objekt	indirektes Objekt
El cantante	les	**dio** **ha dado** **acaba de dar** **está dando**	**autógrafos**	**a todas las chicas.**
		Soy	profesora.	

A las ocho En la Plaza Mayor	tengo una cita con Paco.

Angaben des Ortes und der Zeit stehen:

– *am Satzanfang,*

Tengo una cita	a las ocho en la Plaza Mayor	con Paco.

– *nach dem Verb,*

Tengo una cita con Paco **a las ocho en la Plaza Mayor.**

– *am Satzende.*

A las ocho tengo una cita con Paco **en la Plaza Mayor.**
En la Plaza Mayor tengo una cita con Paco **a las ocho.**

Enthält der Satz eine Zeit- und eine Ortsangabe, so steht häufig eine Angabe am Satzanfang und eine am Satzende.

Der Nebensatz

Satzgegen-stand	Satzaus-sage	Ergän-zung	Konjunk-tion	Satzgegen-stand	Satzaus-sage	Ergänzung
María	ha traído	champán	**porque**	**Víctor**	**tiene**	**cumpleaños.**

Im Gegensatz zum Deutschen ist die Reihenfolge im Nebensatz die gleiche wie im Hauptsatz.

Der Fragesatz

Señor, ¿vive aquí?	*Mein Herr, wohnen Sie hier?*
¿Dónde está la playa?	*Wo ist der Strand?*

Der Anfang einer Frage wird im Spanischen mit einem umgekehrten Fragezeichen (¿) signalisiert. Dies kann auch nach einem Komma „mitten im Satz" vorkommen, z.B.: Señor, ¿es...?

Fragen ohne Fragewort

Satzgegenstand	Satzaussage	Ergänzungen
¿Usted	es	el señor Pérez?

Satzaussage	Satzgegenstand	Ergänzungen
¿Es	usted	el señor Pérez?

Bei Fragesätzen ist die Wortstellung meist wie im Deutschen.

Entfällt das Subjektpronomen, dann ist die Satzstellung von Frage- und Aussagesatz dieselbe: ¿Vive en Madrid?

Fragen mit Fragewort

*Fragewörter tragen immer einen Akzent z.B. **qué, quién, dónde, cuál, cuándo, cuánto**.*

Satzstellung

Fragewort	Satzaussage	Satzgegenstand
¿Dónde	están	los chicos?
¿Cómo	estás?	

Unveränderliche Fragewörter

Qué

¿**Qué** es eso?
¿**Qué** dices?
¿**Qué** amigo te llamó?
¿**Qué talla** tiene usted?

Qué bedeutet „was", „welche(r, s)" und „was für eine(r, s)".

*Mit **qué** fragt man auch nach der Uhrzeit:*
*¿**Qué** hora es?*

Qué kann auch mit Präpositionen auftreten und wird wie folgt übersetzt:

¿**Con qué** dinero vas a pagar?
¿**Para qué** te llamó Lola?
¿**De qué** te sorprendes?
¿**En qué** ciudad vives?
¿**Por qué** estudias español?

– womit,
– wozu,
– worüber,
– in welcher,
– warum.

Qué tal

*Qué tal wird mit „wie (ist)", „wie wäre es" oder „wie geht's" übersetzt und gehört der Umgangssprache an. Es wird manchmal anstelle von **cómo** gebraucht.*

¿**Qué tal**?
¿**Qué tal** trabaja la nueva colega?
¿**Qué tal** tu sopa?

¿**Qué tal** estuvo el fin de semana?
¿**Qué tal** si nos vemos el domingo?

Cuándo

¿**Cuándo** estuviste en Londres?

Cuándo bedeutet „wann".

Cuándo kann mit Präpositionen auftreten und wird wie folgt übersetzt:

¿**De cuándo** es esta revista?
¿**Para cuándo** es la reservación?
¿**Hasta cuándo** vas a trabajar?
¿**Desde cuándo** estáis aquí?

– von wann,
– für wann,
– bis wann,
– seit wann.

Dónde

¿**Dónde** ocurrió el accidente?

Dónde bedeutet „wo".

Dónde kann auch mit der Präposition de auftreten und wird wie folgt übersetzt:

¿**De dónde** vienen?

– woher.

Adónde heißt „wohin" und wird in einem Wort geschrieben: ¿**Adónde** vamos?

Cómo

¿**Cómo** está tu madre?
¿**Cómo** fue el fin de semana?

Cómo bedeutet „wie".

¿**A cómo están** las sardinas?
¿**A cómo** estamos hoy?

Mit a cómo fragt man nach einem veränderlichen Preis oder nach dem Datum.

Veränderliche Fragewörter

Quién - quiénes

Einzahl: ~ ¿**Quién** viene hoy?
           ≈ Pedro.
Mehrzahl: ~ ¿**Quiénes** vienen hoy?
           ≈ Pedro y Ana.

Quién fragt nach einer Person und wird mit „wer" übersetzt.
*Fragt man nach mehreren Personen verwendet man **quiénes.***
*Wenn man nicht weiß, wie viele Personen es sind, verwendet man **quién.***

Quién kann mit Präpositionen auftreten und wird wie folgt übersetzt:

¿**A quién** quiere Juan?
¿**A quiénes** les vas a enviar tarjetas?
¿**Con quién** vives?
¿**Para quién** es esto?
¿**De quién** es el coche?

– wen,
– wem,
– mit wem,
– für wen,
– von wem.

Cuál - cuáles

Einzahl: ¿**Cuál** vino pedimos, el tinto
o el rosado?
¿**Cuál** es tu coche, el rojo o
el azul?

Mehrzahl: ¿**Cuáles de** tus colegas
hablan bien francés?
¿**Cuáles** son tus zapatos?

*Cuál fragt nach einer Person oder einer
Sache und dient der Auswahl aus einer
Menge.
Für die Mehrzahl verwendet man **cuáles.**
Die Menge, aus der man auswählt, kann
durch* **de** *+ Substantiv zum Ausdruck ge-
bracht werden.*

*Cuál und cuáles können mit Präposi-
tionen auftreten und bedeuten:*

¿**Con cuál** línea aérea va a volar?
¿**Para cuál** de tus hijas es este regalo?

– *mit welcher (welchem),*
– *für welche(r, s).*

¿**A cuál** de tus hermanos quieres más, a
Pepito o a Juanita?

*A cuál bzw. a cuáles wird verwendet,
wenn das Fragewort sich auf Personen
bezieht, die direktes oder indirektes Objekt sind.*

Cuánto - cuánta - cuántos - cuántas

Männlich Einzahl: ¿**Cuánto** cuesta este vestido?
Weiblich Einzahl: ¿**Cuánta** fruta necesitas?
Männlich Mehrzahl: ¿**Cuántos** días te quedas aquí?
Weiblich Mehrzahl: ¿**Cuántas** monedas hay aquí?

*Cuánto richtet sich in Geschlecht
und Zahl nach dem Substantiv,
das es begleitet bzw. auf das es
sich bezieht.*

¿**Cuánto dura** la película?
¿**Cuánto tarda** el avión?
¿**Cuánto mide?**
¿**Cuántos años** tiene tu hijo menor?

*Es wird in der Bedeutung „wie
viel", „wie viele", „wie lange"
und „wie" verwendet.*

Mit **a cuánto** *kann man nach dem Preis fragen:*   ¿**A cuánto** están los tomates?

Ausrufe

Mit Hilfe einiger Fragewörter, insbesondere mit **qué,** *lassen sich beliebte spanische
Ausrufe formulieren:*

¡**Qué** horror!   ¡**Qué** guapa estás hoy!   ¡**Cuánto** lo siento!
¡**Qué** bien!   ¡**Quién** lo va a saber!   ¡**Cómo** me ha gustado tu regalo!
¡**Qué** tarde!

*Haben Sie bemerkt, dass Ausrufe mit einem umgedrehten Ausrufezeichen (¡) begin-
nen?*

Der Relativsatz

El hotel **que te recomiendo** está cerca de la playa.
Las playas **a las que** puedes ir desde allí están muy limpias.

Das Hotel, das ich dir empfehle, ist in der Nähe des Strandes.
Die Strände, zu denen du von da aus gehen kannst, sind sehr sauber.

Relativpronomen

Este es el hotel **que** te recomiendo.
Es el hotel **adonde** vamos.

Relativpronomen leiten Relativsätze ein. Das meist gebrauchte Relativpronomen ist que.

Haben Sie schon bemerkt, dass die Relativpronomen im Gegensatz zu den Fragepronomen keinen Akzent tragen?

La ropa **que has comprado** no me gusta.
La blusa **que traes** es muy estrecha.

Im Spanischen wird bei Relativsätzen in der Regel kein Komma gesetzt.

Pero este vestido azul, **que es justo lo que necesito para el baile**, puedes prestármelo.

Ist der Relativsatz für den Sinn des Satzes nicht wesentlich, dann wird ein Komma gesetzt.

Relativsatz mit que

¿Quién es ese chico **que** lleva gafas?
La paella **que** prepara Lola es estupenda.
Quiero ese bikini **que** está en el escaparate.

Que kann ins Deutsche mit „der", „die", „das", „welche(r, s)" übersetzt werden. Es ist unveränderlich und kann sich auf Personen oder Sachen beziehen.

La novela **a que** te refieres me gusta.
La ciudad **en que** vivo es muy agradable.
La pasta **con que** se prepara esta receta es muy suave.
Estos son los lagos **de que** te he hablado.

Que wird auch nach den Präpositionen a, con, de und en bei Sachen gebraucht.

Nach sin, por sowie nach mehrsilbigen Präpositionen, wie z. B. para, verwendet man el cual oder el que.

El proyecto **para el que/para el cual** trabajo cuesta varios millones.
Hemos pedido más dinero, **sin el que/sin el cual** no podemos continuar.

Relativsatz mit quien

Quien busca, encuentra.
Quienes saben de esto son Marta y Leo.
La colega **con quien** comparto la oficina
está enferma.
Tú eres el único **en quien** yo confío.

Quien/Quienes wird ins Deutsche mit
„der", „die", „das", „welche(r, s)" und
„wer" übersetzt. Es bezieht sich immer
auf Personen und wird meist nach einsil-
bigen Präpositionen gebraucht.
Anstelle von Präposition + quien/quienes
wird gerne el que, la que, los que und
las que verwendet.

Tú eres el hombre **a quien** yo quiero.
La persona **a quien** le mandé los docu-
mentos está de viaje.

Wird quien als direktes oder indirektes
Objekt gebraucht, steht die Präposition
a davor.

Relativsatz mit donde

Ésta es la escuela **donde** estudio español.

Donde wird ins Deutsche mit „wo" über-
setzt und bezieht sich auf Orte.

El camino **por donde** vamos no es
peligroso.

Donde wird auch in Verbindung mit
Präpositionen verwendet.

Adonde wird zusammengeschrieben:

El sitio **adonde** vamos es muy bonito.

Relativsatz mit el que, la que, los que, las que

El que, la que, los que und las que
werden verwendet:

Tú eres la mujer **a la que** quiero.
Ese es el club **al que** vamos los sábados.
La pasta **con la que** se prepara esta
receta es muy suave.
Estos son los lagos **de los que** te he
hablado tanto.

– nach Präpositionen anstelle von que
oder quien.

La que más trabaja aquí es Marisol.

– ohne Bezugswort.

140

Relativsatz mit el cual, la cual, los cuales, las cuales

Este es el cliente **del cual** te he hablado.
Busco mis gafas, **sin las cuales** no puedo leer.
La casa **delante de la cual** nos encontramos es famosa.

El cual, la cual, los cuales und *las cuales werden dem Substantiv auf das sie sich beziehen in Geschlecht und Zahl angeglichen und werden insgesamt selten gebraucht.*
*Nach **sin, por** sowie nach mehrsilbigen Präpositionen können sie anstelle von **el que, la que** ... verwendet werden.*

Relativsatz mit lo que und lo cual

Hemos pasado el examen, **lo que/lo cual** nos alegra.
Hubo un accidente, **por lo que/por lo cual** llegamos tarde.

Lo que und *lo cual werden mit „was" übersetzt. Sie stehen für Inhalte und Aussagen eines vorangehenden Satzes und können auch mit Präpositionen auftreten.*

Lo que te voy a decir es muy importante.
Dime **lo que** te pasa.
Todo lo que dices es importante.

*Für Inhalte und Aussagen, die sich auf einen nachgestellten Satz beziehen, kann man nur **lo que** verwenden.*

Relativsatz mit cuyo, cuya, cuyos, cuyas

Ha venido el experto **cuyo** programa utilizamos.
El programa es para clientes **cuyos** ordenadores son muy rápidos.
Ese es el director **cuya** película ha ganado un premio.

Cuyo, cuya, cuyos und *cuyas stimmen in Zahl und Geschlecht mit dem nachfolgenden Substantiv überein.*
Sie werden ins Deutsche mit „dessen", „deren" übersetzt. Sie werden selten verwendet, da sie eher der Schriftsprache angehören.

Relativsätze enthalten meistens den Indikativ. Es gibt aber auch Relativsätze, in denen der Subjuntivo vorkommt.

Weitere Informationen dazu finden Sie im Kapitel „Der Subjuntivo".

141

Der Bedingungssatz

Si quieres, **invita** a Marcia. — *Wenn du willst, lade Marcia ein.*
Invita a Marcia, **si quieres**. — *Lade Marcia ein, wenn du willst.*

Si **viniera, podríamos hacer** paella. — *Wenn sie kommen würde, könnten wir Paella machen.*

Podríamos hacer paella, **si viniera**. — *Wir könnten Paella machen, wenn sie kommen würde.*

*Bedingungssätze benennen im Hauptsatz die Folge einer im **si**-Satz angegebenen Bedingung. Wie im Deutschen ist die Reihenfolge von Haupt- und Nebensatz unwichtig. Man unterscheidet zwischen realen und irrealen Bedingungssätzen.*

Realer Bedingungssatz

Si **tengo** tiempo, **voy** a la playa.
Si **estudias** español, **puedes** hablar con los españoles.

Der reale Bedingungssatz wird verwendet, wenn es sich für den Sprecher/die Sprecherin um eine tatsächlich erfüllbare Bedingung handelt.

Bei der Bildung des realen Bedingungssatzes muss folgende Zeitenfolge beachtet werden:

*Im **si**-Satz steht das Präsens und im Hauptsatz:*

Si-Satz	Hauptsatz
Si **me llamas**,	te **puedo** dar la receta.
Si no **encuentras** trabajo,	**vas a tener** poco dinero. **tendrás** poco dinero.

– steht das Präsens, wenn die Folge gleichzeitig eintritt.

*– steht die nahe Zukunft mit **ir a** + Infinitiv oder das Futur I, wenn die Folge in der Zukunft eintreten wird.*

142

Irrealer Bedingungssatz

Si tuviera menos trabajo, **podría** ir a cenar con vosotros.
Si mi jefe no me **hubiera pedido** el reporte, **habría ido** a cenar con vosotros.

Der irreale Bedingungssatz wird verwendet, wenn es sich für den Sprecher/die Sprecherin um in der Wirklichkeit unwahrscheinlich zu erfüllende oder unerfüllbare Bedingungen handelt.

Bei der Bildung des irrealen Bedingungssatzes, muss folgende Zeitenfolge beachtet werden:

Si-Satz	Hauptsatz
Si **tuviera** tiempo, Si **tuviese** tiempo,	te **llamaría.**
Si **fuéramos** ricos, Si **fuésemos** ricos,	no **trabajaríamos.**

Handelt es sich um eine unwahrscheinlich zu erfüllende oder unerfüllbare Bedingung in der Gegenwart, so steht im si-Satz der Subjuntivo Imperfekt und im Hauptsatz das Konditional I.

Si-Satz	Hauptsatz
Si **hubiera tenido** tiempo, Si **hubiese tenido** tiempo,	te **habría llamado.**
Si **hubiéramos sido** ricos, Si **hubiésemos sido** ricos,	no **habríamos trabajado.**

Handelt es sich um eine unerfüllte Bedingung in der Vergangenheit, so steht im si-Satz der Subjuntivo Plusquamperfekt und im Hauptsatz das Konditional II.

In der Umgangssprache wird bei irrealen Bedingungssätzen in der Vergangenheit häufig im si-Satz und im Hauptsatz der Subjuntivo Plusquamperfekt verwendet.

Si hubiera tenido tiempo, te **hubiera llamado.**

Die indirekte Rede

Dora **dice/ha dicho que viene.**

Dora **dijo/decía que venía.**

Dora sagt/hat gesagt, dass sie kommt.

Dora sagte, dass sie käme.

Die Zeit, in der die redeeinleitenden Verben stehen, hat im Spanischen Auswirkungen auf die Zeitenfolge der indirekten Rede.
*Redeeinleitende Verben sind u. a. **decir, explicar, contar, opinar.***

Indirekte Rede mit Hauptsatz im Präsens, Perfekt, Konditional oder Futur

Direkte Rede:
Sonia: "El trabajo **es** importante."

Indirekte Rede:

Sonia **dice que** Sonia **ha dicho que** Sonia **dirá/diría que**	el trabajo **es** importante.

*Die indirekte Rede wird durch ein redeeinleitendes Verb und **que** eingeleitet.*
Steht das redeeinleitende Verb im Präsens, Perfekt, Futur I oder Konditional, so bleibt die Zeit des Satzes der direkten Rede erhalten.

Indirekte Frage

Rogelio: "¿Vais a estar hoy en casa?"
Rogelio **quiere saber si** vamos a estar hoy en casa.

Rogelio: "¿Adónde vais a ir?"
Rogelio **pregunta adónde** vamos a ir.

*Die indirekte Frage wird durch **preguntar, no saber** oder **querer saber** eingeleitet, gefolgt von **si** oder einem Fragepronomen, z. B. **qué, quién, cuándo, adónde** usw.*
Im Übrigen folgt die indirekte Frage denselben Regeln, z. B. Zeitenfolge, wie die indirekte Rede.

Indirekte Aufforderung

Mamá: "**Sirve** el café, por favor."

Mamá **dice que sirvas** el café.

*Die indirekte Aufforderung wird durch **decir, pedir, recomendar** usw. eingeleitet, gefolgt von **que**.*
Allerdings ändert sich der Modus im Nebensatz. Der Imperativ der direkten Aufforderung wird zum Subjuntivo.

Indirekte Rede mit Hauptsatz im Indefinido, Imperfekt oder Plusquamperfekt

Direkte Rede:
Sonia: „El trabajo es importante."

Indirekte Rede:

Sonia **dijo que**	
Sonia **ha dicho que**	el trabajo **era** importante.
Sonia **decía que**	

Steht der Hauptsatz, bzw. das redeeinleitende Verb in einer Zeit der Vergangenheit, dann verändern sich einige Zeiten in der indirekten Rede.

Im Nebensatz ändern sich folgende Zeiten:

*Paco: "Me **gusta** viajar."*
Paco **dijo/decía/había dicho** que le **gustaba** viajar.

– *Präsens wird zu Imperfekt,*

*Paco: "Ya **he viajado** mucho."*
Dijo/Decía/Había dicho que ya **había viajado** mucho.

– *Perfekt wird zu Plusquamperfekt,*

*Paco: "**Fui** a Perú."*
Dijo/Decía/Había dicho que **fue/había ido** a Perú.

– *Indefinido bleibt Indefinido oder wird zu Plusquamperfekt,*

*Paco: "Pronto **iré** a China."*
Dijo/Decía/Había dicho que pronto **iría** a China.

– *Futur wird zu Konditional,*

*Paco: "**Recomiéndame** una ruta."*
Dijo/Decía/Había dicho que le **recomendara** una ruta.

– *Imperativ wird zu Subjuntivo Imperfekt,*

*Paco: "Ojalá **haya** buen tiempo."*
Dijo/Decía/Había dicho que ojalá **hubiera** buen tiempo.

– *Subjuntivo Präsens wird zu Subjuntivo Imperfekt.*

Folgende Zeiten bleiben gleich:

*Paco: "María **era** rubia."*
Paco **dijo/decía/había dicho** que María **era** rubia.

– *Imperfekt,*

*Paco: "**Podría** ser de tu edad."*
Paco **dijo/decía/había dicho** que **podría** ser de mi edad.

– *Konditional,*

*Paco: "Yo ya la **había visto** antes."*
Paco **dijo/decía/había dicho** que él ya la **había visto** antes.

– *Plusquamperfekt.*

Wie Sie sicherlich bemerkt haben, passt man wie im Deutschen bei der indirekten Rede einige Elemente der neuen Perspektive an.

Hija: "Quier**o tu** receta del flan porque **mis** amigas **vienen** a ver**me**."
Madre: "Mi hija dice que quiere **mi** receta del flan porque **sus** amigas **van** a ver**la**."

1. Beantworten

*Beantworten Sie folgende Sätze mit Hilfe der folgenden **Verneinungselemente:***

nadie	tampoco	nunca	nada	ya

Una entrevista con una modelo famosa.

1. ~ ¿Siempre estás a dieta?

   ≈ No, _____

2. ~ ¿Alguien te escoge la ropa?

   ≈ No, _____

3. ~ ¿Haces todo sin consultar a tu agente?

   ≈ No, _____

4. ~ Las otras modelos de tu agencia no llevan tatuajes. ¿Y tú?

   ≈ Yo _____

5. ~ ¿Todavía trabajas en un bar?

   ≈ No, _____. Ahora gano suficiente como modelo.

2. Einsetzen

*Ergänzen Sie folgende Fragen mit dem entsprechenden **Fragepronomen.***

1. ¿_____ se llama usted, señorita?
2. ¿_____ se escribe su apellido?
3. ¿_____ años tiene?
4. ¿_____ vive usted?
5. ¿_____ nacionalidad tiene usted?
6. ¿_____ profesión tiene usted?

3. Vervollständigen

*Folgende Quizfragen sind leider unvollständig. Es fehlen die **Relativpronomen.** Finden Sie die entsprechenden Pronomen und setzen Sie sie ein.*

1. Concéntrese en los países _____ se habla español.
2. Diga el nombre del príncipe español, _____ es el heredero de la corona.
3. Diga el nombre de un país latinoamericano _____ no se habla español.
4. Diga el nombre de las islas del Mediterráneo _____ viajan muchos turistas.

5. Diga el nombre de una capital centroamericana _____ se llama igual que el país.

6. Describa el lugar _____ hizo su último viaje.

7. Diga el título de la última película _____ vio.

8. Diga el nombre del mar _____ se encuentra la isla de Cuba.

4. Zusammensetzen

*Setzen Sie die folgenden Satzteile zu sinnvollen Sätzen **zusammen**.*

1. Si hubieras ido a la fiesta	a. vamos a la playa.	1.
2. Si tuvieran dinero	b. llegaríamos a tiempo.	2.
3. Si fuéramos temprano	c. habrías conocido a mi novia.	3.
4. Si hace sol	d. comprarían una casa.	4.

5. Einsetzen

*Vervollständigen Sie den Psychotest mit Hilfe der angegebenen Verben. Setzen Sie sie in den entsprechenden **Zeiten** ein und entscheiden Sie sich für den **Indikativ** oder **Subjuntivo**.*

1. ¿Qué animal serías si _____ uno? ¿Por qué?
   ser

2. ¿Qué _____ de otra manera si volvieras a vivir tu vida?
   hacer

3. ¿Cómo habría sido tu vida si _____ con tu primer amor?
   casarse

4. ¿Qué harías si _____ muchísimo dinero en la lotería?
   ganar

5. ¿Qué te gustaría cambiar en tu vida actual si _____ cambiar dos cosas?
   poder

6. Umformen

*Formen Sie folgende Sätze in die **indirekte Rede** um.*

En el consultorio:
1. *Médico:* ¿Qué le duele, señora?
   Nieta: El médico pregunta _____ , abuela.
2. *Médico:* ¡Acuéstese ahí!
   Nieta: El médico dice _____ , abuela.

Dos días más tarde:
3. *Médico:* ¿Ha tenido tensión alta?
   Abuela: El médico quiso saber _____ .
4. *Médico:* Tome estas pastillas y llámeme en una semana.
   Abuela: El médico dijo _____ .

Die Präpositionen

Die Präposition a

Die Präposition a wird verwendet:

¿Por qué no invitamos **a** Dora?
Le he comprado un regalo **a** mi mujer.

– *vor dem direkten Objekt bei Personen und vor dem indirekten Objekt.*

Voy **a** España. Viajo **a** Salamanca.

– *um eine Richtung anzugeben.*

De aquí **a** Madrid no es muy lejos.
León está **a** 40 kilómetros.

– *um Entfernungen anzugeben.*

Primero vas **a** la izquierda, luego **a** la derecha y **al** lado del banco está la oficina.

– *in Verbindung mit einigen Ortspräpositionen.*

Tengo una cita **a** la una.
A los 21 años empecé **a** trabajar.
Me lavo los dientes tres veces **al** día.
De hoy **a** mañana descanso.

– *bei Zeit-, Alters- und Häufigkeitsangaben.*

Estas son patatas **a** la francesa.
A caballo son doce horas, **a** pie es un día.

– *um die Art und Weise zu bezeichnen.*

¡**A** comer!   ¡**A** trabajar!

– *mit dem Infinitiv anstelle eines Imperativs.*

Te invito **a** mi fiesta el sábado.
¿**A** qué se refiere el artículo?
Vamos **a** comer.
Vuelva **a** repetir, por favor.

– *nach bestimmten Verben.*

A veces es mejor esperar.
A ver si podemos meter otro gol.
Al final el equipo pasó **a finales.**

– *in zahlreichen festen Wendungen.*

---

*Sie erinnern sich sicherlich, dass **a** + **el** zu **al** wird.*

Die Präposition de

Die Präposition de wird verwendet:

Juanito es el hijo **de** la amiga **de** mi tía.
¿**De** quién es el libro? Es **de** la biblioteca.

– *um Zugehörigkeit und Besitz anzuge-*
ben.

Vengo **del** norte. Soy **de** Bilbao.

– *um die Herkunft anzugeben.*

Es un sofá **de** cuero muy fino.
El jersey es **de** lana.

– *zur Angabe des Materials.*

Paco es el chico **de** gafas y **de** saco negro.

– *zur Identifikation von Personen.*

¿Te gustan las novelas **de** amor?
¿Tienes las llaves **del** coche?

– *um zusammengesetzte Substantive zu*
bilden.

Me trae un poco más **de** pan, por favor.
Quiero un vaso **de** vino tinto.
Me pone 100 gr **de** queso suizo.

– *bei Mengenangaben.*

Hoy es el 29 **de** febrero **de** 1999.

– *um das Datum anzugeben.*

De joven vivía en el campo.
Son las diez **de** la noche.

– *um Zeitabschnitte zu bezeichnen.*

La consulta cierra **de** dos a cuatro.

– *zur Angabe des Anfangszeitpunktes*
eines Zeitraumes.

Estamos a un kilómetro **de** la playa.
De aquí al cine son dos cuadras.

– *bei Entfernungen.*

Delante de mi ventana hay un árbol
grande. Ven **antes de** comer.

– *in Verbindung mit einigen örtlichen*
und zeitlichen Präpositionen.

¿Te acuerdas **de** Marta?
¡Me alegro **de** verte!

– *nach bestimmten Verben.*

De nada.
Vamos, ¡camina **de prisa**!

– *in bestimmten festen Wendungen.*

Sie erinnern sich sicherlich, dass de + el zu del wird.

Die Präposition en

	*Die Präposition **en** wird verwendet:*
¡Mi pasaporte no está **en** el bolso! Este fin de semana estoy **en** casa. La maleta está **en** la cama. Estudio **en** una escuela. La leche está **en** la mesa. Hay un cuadro **en** la pared.	– *bei Ortsangaben.*
Siempre tomo vacaciones **en** verano **en** agosto. Mi amiga nació **en** 1964. Las elecciones serán **en** una semana.	– *bei Zeitangaben.*
Dígalo **en** español, por favor.	– *bei Sprachen.*
¿Vamos **en** coche o **en** autobús?	– *bei Verkehrsmitteln.*
Siempre pienso **en** ti. Quedamos **en** ir al teatro juntos.	– *nach bestimmten Verben.*
En general no desayuno. **En realidad** debería hacerlo.	– *in bestimmten festen Wendungen.*

Die Präposition para

	*Die Präposition **para** wird verwendet:*
Estas flores son **para** ti.	– *um den Empfänger zu benennen.*
Éstas son copas **para** vino tinto. Estudio mucho **para** tener buenas notas.	– *um das Ziel und den Zweck anzugeben.*
Estos paquetes son **para** Colombia.	– *um die Zielrichtung zu bestimmen.*
Para las 9 ya vamos a terminar. ¿Dejamos la discusión **para** mañana?	– *zur Angabe eines Zeitpunktes.*
Esto es fácil **para** ti, ¿verdad?	– *um Bezug zu nehmen.*

Die Präposition por

*Die Präposition **por** wird verwendet:*

¡Lo hice **por** tu culpa!
Voy **por** un refresco.
No puedo venir **por** tener mucho trabajo.

– *um eine Ursache oder einen Grund anzugeben.*

Mándame los datos **por** fax.
He sabido el resultado **por** el telediario.

– *zur Angabe des Mittels.*

Pase **por** aquí.
Voy a hacer un viaje **por** Sudamérica.
¿Damos una vuelta **por** el centro?

– *um eine etwas ungenaue Beschreibung des Ortes zu geben oder um Durchgangsorte zu benennen.*

Por la mañana no puedo, mejor **por** la
   tarde.
Voy a quedarme en la isla **por** un mes.

– *um Zeitangaben zu machen.*

El toro saltó **por** encima de la barda.
Se escapó **por** detrás de la casa.

– *in Verbindung mit einigen Präpositionen des Ortes.*

¿**Por** cuánto se vende este terreno?
Se vende ese terreno **por** 1.000.000
   pesetas.

– *zur Angabe des Preises.*

Los incas cambiaban el oro **por** cosas sin
   valor.
He pagado la cuenta **por** vosotras.

– *in der Bedeutung von „zu Gunsten von".*

El Fausto fue escrito **por** Goethe.

– *zur Angabe des Urhebers in Passivkonstruktionen.*

Mi madre se interesa **por** la arqueología.

– *nach bestimmten Verben.*

El descuento es del diez **por ciento.**
¡**Por última vez!** ¿Vas a venir o no?
Encontré a Alma **por casualidad.**

– *in bestimmten festen Wendungen.*

Zahlen

Grundzahlen

En mi casa somos **cinco** hermanos, **dos** hombres y **tres** mujeres.

Die meisten Zahlwörter sind unveränderlich.

~ Aquí hay **un** vino de Rioja.
≈ ¿**Uno**? Sí, **una** botella solamente.
~ Tengo veinti**una** monedas.
≈ Yo, veinti**ún** billetes.
~ ¿Cuántos?
≈ Veinti**uno**.

Uno **bzw.** *una* **passt sich dem Geschlecht des Substantivs an.**
Vor männlichen Substantiven steht **un.**
Vor weiblichen Substantiven steht **una.**
Ohne Substantiv steht **uno.**
Dies gilt auch für 21, 31, 41, 51, 61, 71 usw.

En la escuela hay doscien**tos** cincuenta chicos y doscien**tas** cincuenta chicas.

Die Hunderter passen sich in Geschlecht und Zahl dem nachfolgenden Substantiv an. Steht die Zahl alleine, dann verwendet man die männliche Form.

1	uno	17	diecisiete	101	cien**to** uno
2	dos	18	dieciocho	110	cien**to** diez
3	tres	19	diecinueve	200	doscien**tos, -as**
4	cuatro	20	veinte	240	doscien**tos, -as** cuarenta
5	cinco	21	veintiuno	300	trescien**tos, -as**
6	seis	22	veintidós	400	cuatrocien**tos, -as**
7	siete	30	treinta	500	**quinientos, -as**
8	ocho	31	treinta **y** uno	600	seiscien**tos, -as**
9	nueve	35	treinta **y** cinco	700	setecien**tos, -as**
10	diez	40	cuarenta	800	ochocien**tos, -as**
11	**once**	50	cincuenta	900	novecien**tos, -as**
12	**doce**	60	sesenta	1.000	mil
13	**trece**	70	setenta	500.000	**quinientos, -as** mil
14	**catorce**	80	ochenta	1.000.000	un millón
15	**quince**	90	noventa	100.000.000	cien millones
16	dieciséis	100	**cien**	1.000.000.000	mil millones

cien - ciento
Haben Sie schon bemerkt, dass es zwei Wörter für 100 gibt, nämlich **cien** *und* **ciento**? *Ihr Gebrauch ist aber ganz einfach. Nur bei 100 verwendet man* **cien**. *Ab 101 benützt man* **ciento**.

León, 2 de mayo de 1999.
León, dos de mayo de mil novecientos noventa y nueve

Jahreszahlen werden wie Zahlen gelesen.

5.000.000 habitantes	cinco millones **de** habitantes	
5.000.002 habitantes	cinco millones dos habitantes	
1.500.000 productos	un millón y medio **de** productos/ un millón quinientos mil productos	

*Zwischen **millón** und dem nachfolgenden Substantiv steht die Präposition **de**, wenn keine Hunderter, Zehner oder Einer dazwischenstehen. Nach Bruchzahlen, z. B. **millón y medio**, folgt auch **de**.*

50.000 habitantes	cincuenta mil habitantes
1.234.567 habitantes	un millón doscientos treinta y cuatro mil quinientos sesenta y siete habitantes

Bei allen anderen Zahlen folgt das Substantiv direkt auf die Zahl.

Mengenangaben

100 gr	= cien gramos **de** queso
1/4 kg	= un cuarto **de** kilo **de** jamón
250 gr	= doscientos cincuenta gramos **de** arroz
2 1/2 kg	= dos kilos y medio **de** filete
1/2 l	= medio litro de zumo **de** naranja

*Zwischen der Mengenangabe und dem Substantiv steht die Präposition **de**. Ebenso steht zwischen **un cuarto** und **kilo** die Präposition **de**, z. B. **un cuarto de kilo de jamón**.*

Ordnungszahlen

Vivo en el **segundo** piso.
Es la **cuarta** vez que vengo.
Ustedes son los **terceros** que preguntan lo mismo.

Ordnungszahlen stimmen in Geschlecht und Zahl mit dem Substantiv überein, auf das sie sich beziehen.

1°	primero	6°	sexto
2°	segundo	7°	séptimo
3°	tercero	8°	octavo
4°	cuarto	9°	noveno
5°	quinto	10°	décimo

*Die Ordnungszahlen werden im Spanischen nicht so häufig benützt, da man ab 11. die Grundzahlen verwendet, z. B. „der 11. Stock" → **el piso once**.*

*Primero und tercero verlieren das End-**o** vor einem männlichen Substantiv.*

*El **primer** día escuchamos el **tercer** concierto de Liszt.*

Man verwendet die Ordnungszahlen außerdem bei:

el siglo V a.C.	el siglo quinto antes de Cristo
Felipe II	Felipe Segundo
Luis XIV	Luis Catorce

– den ersten 10 Jahrhunderten,
– bei den ersten 10 Herrschernamen.

Die Uhrzeit

¿Qué hora es?
¿Qué horas son?

Mit Hilfe dieser Fragen können Sie die Uhrzeit erfragen.

Es la una. **Es** mediodía. **Es** medianoche. **Son** las dos.

*Bei 1 Uhr, Mittag und Mitternacht verwendet man **es** ansonsten **son**. Die Stunden werden mit den Grundzahlen von 1 bis 12 ausgedrückt.*

Son las dos **y** cinco. Son las dos **y** cuarto. Son las dos **y** media.

*Die Minuten werden bis halb an die vorhergehende Stunde mit **y** angeschlossen. Ausnahmen bilden „Viertel nach" und „halb". Bei „Viertel nach" wird **y cuarto** und bei „halb" **y media** hinzugefügt.*

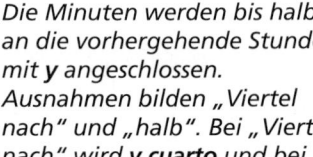

Son las tres **menos** veinticinco. Son las tres **menos** cuarto. Son las tres **menos** cinco.

*Nach „halb" werden die Minuten von der nächsten vollen Stunde mit **menos** abgezogen. Bei „Viertel vor" wird **menos cuarto** abgezogen.*

Son las seis **de** la mañana.
Son las tres **de** la tarde.
Son las tres **de** la noche.

*Wenn Sie die Uhrzeit genauer bestimmen wollen, können Sie für „morgens" **de la mañana**, für „nachmittags" und „abends" **de la tarde** und für „nachts" **de la noche** hinzufügen.*

~ ¿**A** que hora empieza la película?
≈ Empieza **a** las ocho.

*Einen Zeitpunkt erfragt und benennt man mit Hilfe der Präposition **a**.*

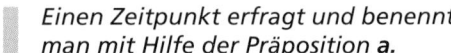

Auf Bahnhöfen und Flughäfen wird gerne das Vierundzwanzigstundensystem verwendet:

`16:05` Son las dieciséis horas y cinco minutos.

`16:30` Son las dieciséis horas y treinta minutos.

`16:15` Son las dieciséis horas y quince minutos.

`16:45` Son las dieciséis horas y cuarenta y cinco minutos.

El tren sale a **las catorce horas y diez minutos.**
El avión de **las dieciséis quince** acaba de aterrizar.

154

Konjunktionen

Juan **y** yo estamos de vacaciones.
Estamos en un hotel, **pero** no nos gusta.

No tengo tiempo porque tengo que trabajar.

Juan und ich sind im Urlaub.
Wir sind in einem Hotel, aber es gefällt uns nicht.

Ich habe keine Zeit, weil ich arbeiten muss.

Konjunktionen fügen zwei Sätze oder Satzteile zusammen. Nebenordnende Konjunktionen stehen zwischen gleichwertigen Elementen, z. B. Substantiven, Adjektiven, Hauptsätzen usw. Unterordnende Konjunktionen stehen zwischen einem Haupt- und einem Nebensatz.

Nebenordnende Konjunktionen

Estos son mis amigos Inés **y** Octavio.
Ni tú **ni** Pepe los conocéis.
¿Quién es más simpático, Octavio **o** Inés?
Inés es más amable, **pero** Octavio es divertido.
Inés no es amiga de Octavio, **sino** su prima.
Sin embargo, se parecen mucho.

Nebenordnende Konjunktionen sind u. a.:
- *y (und),*
- *ni ... ni (weder ... noch),*
- *o (oder),*
- *pero (aber),*

- *sino (sondern),*

- *sin embargo (aber trotzdem).*

Die Konjunktion y wird zu e vor Wörtern, die mit i oder hi beginnen.
Ebenso wird die Konjunktion o zu u vor Wörtern, die mit o oder ho beginnen.

Creo que Octavio **e** Inés van a venir, pero no sé si Inés **u** Octavio traerán el vino.

Unterordnende Konjunktionen

Konjunktionen mit Indikativ oder Subjuntivo
Es gibt Konjunktionen, nach denen der Subjuntivo stehen muss, z. B.:

Antes de que os **vayáis**, podemos ver las fotos. Venid **para que** os **muestre** el álbum.

Es gibt auch Konjunktionen, die mit dem Subjuntivo oder mit dem Indikativ verwendet werden können. Je nachdem, ob sie mit dem Indikativ oder mit dem Subjuntivo verwendet werden, kann sich auch ihre Bedeutung ändern.

Cuando viene Arturo, siempre me alegro.
Pienso **que** tu idea **es** muy buena.

Cuando venga Arturo, le daré la carta.
No dudo **que sea** efectiva.

Weitere Informationen zum Gebrauch des Subjuntivo nach Konjunktionen entnehmen Sie bitte dem Kapitel „Der Subjuntivo".

	Unterordnende Konjunktionen sind u. a.:
Espero **que** esté bien, señorita Julia.	– **que** *(dass)***,
El señor Lugo dice **que** va a llegar a las dos.	
Prepare los papeles **para que** estén listos.	– **para que** *(damit)**,
Llame al cliente **a fin de que** venga más tarde.	– **a fin de que** *(damit)**,
Estos son productos nuevos, **así que** los ponemos en la lista.	– **así que** *(so dass)*,
Ese precio está mal, **de modo que** hay que corregirlo.	– **de modo que** *(so dass)***,
Corríjalo, **de modo que** el cliente tenga el dato correcto.	
Estoy en mi oficina, **de manera que** puede traerme las cartas.	– **de manera que** *(so dass)***,
Póngalas en orden, **de manera que** sea más fácil contestarlas.	
Si llama el señor García, tiene que venir personalmente.	– **si** *(falls, wenn)***,
Si quisiera un descuento, no se lo daríamos.	
Quiere saber **si** le podemos dar un precio especial.	– **si** *(ob)*,
En caso de que llame, no quiero hablar con él.	– **en caso de que** *(falls)**,
Podemos darle un descuento **con tal de que** pida mucho.	– **con tal de que** *(vorausgesetzt, dass)**,
Ahora quiero trabajar en paz, **a menos que** haya algo urgente.	– **a menos que** *(falls)**,
Como es mediodía, vamos a comer.	– **como** *(da)*,
Como me llame ahora mi jefe, ¡renuncio!	– **como** *(wenn)**,
¡Actúa **como si** fuéramos sus esclavos!	– **como si** *(als ob)**,
Cuando llega, empieza a dar órdenes.	– **cuando** *(immer wenn)*,
Cuando vuelva de comer, va a tener más trabajo para mí.	– **cuando** *(sobald, wenn)**,
En cuanto empiece, me va a interrumpir otra vez.	– **en cuanto** *(sobald)***,
Siempre me interrumpe **en cuanto** empiezo algo.	
Tan pronto como me interrumpa, le diré que no puedo.	– **tan pronto como** *(sobald)***,
Tan pronto como hago algo, quiere otra cosa.	
Tengo que concentrarme **mientras** trabajo.	– **mientras** *(während)*,
Mientras el jefe esté en la reunión, estoy tranquila.	– **mientras** *(solange)**,
Aunque no he terminado, ya me voy.	– **aunque** *(obwohl, auch wenn)*,
Aunque el jefe lo quiera, no me quedo más.	– **aunque** *(selbst wenn)**,
Normalmente espero a mi novio **hasta que** llega a casa.	– **hasta que** *(bis)***,
Hoy no lo voy a esperar **hasta que** llegue. Tengo hambre.	
Antes de que venga, voy a preparar un espagueti.	– **antes de que** *(bevor)**,
Después de que coma, me voy a sentir mejor.	– **después de que** *(nachdem)**,
A pesar de que mi jefe es difícil, el trabajo me gusta.	– **a pesar de que** *(auch wenn)***,
A pesar de que mi jefe sea difícil, me pagan bien.	
Desde que lo conozco, no ha cambiado.	– **desde que** *(seitdem)*,
Por más que trato, siempre es muy duro conmigo.	– **por más que** *(wie sehr auch)***,
Por más que trabaje bien, nunca lo reconoce.	
No puedo trabajar **sin que** me critique.	– **sin que** *(ohne dass)**,
Ya que es así, tengo que guardar la calma.	– **ya que** *(da)*,
Pero no es difícil, **porque** soy una persona tranquila.	– **porque** *(weil)*.

* bedeutet mit Subjuntivo   *** bedeutet entweder mit Indikativ oder mit Subjuntivo*   *kein Sternchen bedeutet mit Indikativ*

Lösungen

1. 1. **el:** libro, avión, Danubio, clima; **la:** oficina, luna, mano, libertad; **los:** hoteles, problemas, sombreros, coches; **las:** ciudades, noches, habitaciones, llaves

1. 2. 1. oscuras; 2. alemanes, nuevos, interesantes; 3. bonita, guapa; 4. último, moderno, actuales, bonitas; 5. negros, rebajados, azul claro, especial.

1. 3. 1. el día agradable; 2. la blusa azul claro; 3. el ejemplo fácil; 4. el nuevo coche moderno; 5. el buen vino francés; 6. la habitación doble; 7. el primer ejemplo

1. 4. 1. libros interesantes; 2. botellas originales; 3. periódicos viejos; 4. platos blancos; 5. muchos sellos; 6. pocos vasos; 7. cucharas bonitas; 8. relojes preciosos; 9. sombreros baratos; 10. paraguas grandes

1. 5. 1. La, los, el; 2. el, los, las, la, -; 3. el, -, un; 4. La, unos, la; 5. -, -; 6. -, lo; 7. Los, los, -, el, -; 8. lo; 9. -, el, una, la; 10. -, -; 11. -; 12. el, la; 13. unos

1. 6. 1. sí; 2. no; 3. sí; 4. no; 5. sí; 6. sí; 7. sí; 8. no; 9. sí

2. 1. 1. bien; 2. alegremente; 3. tranquilamente; 4. mal; 5. naturalmente

2. 2. 1. Adjektiv; 2. Adverb; 3. Adverb; 4. Adverb, Adverb; 5. Adjektiv; 6. Adverb; 7. Adverb, Adjektiv; 8. Adverb, Adjektiv; 9. Adjektiv, Adverb

2. 3. 1. mucho; 2. mucho, muchas; 3. muy, mucho; 4. muchas; 5. Muy; 6. muy, muchas; 7. muy; 8. muy, muchos, muy; 9. muy, muy, mucha

2. 4. 1. ... canta mejor que Pepe.; 2. ... es peor que el vino tinto.; 3. ... es la (chica) que gana menos de los tres/de todos.; 4. ... trabaja tanto como Javier/tantas horas a la semana como Javier.; 5. ... es más difícil que el inglés.

3. 1. **Unbetont:** nuestro, mi, su, sus, vuestros, nuestros; **Betont:** tuyo, mío, suyo, suya

3. 2. 1. sus, nuestros, su; 2. suyo, mío; 3. tuya, su; 4. vuestros, nuestros; 5. mis, su, míos

3. 3. 1. aquellos; 2. este, esa; 3. Estos, eso; 4. este, ese, Ese; 5. Esto, esta; 6. Estos, aquellos; 7. esto, Esta; 8. esta, este, aquellas

3. 4. 1.b; 2.c; 3.c; 4.a; 5.b; 6.a; 7.c; 8.a; 9.b; 10.c.

4. 1. **a.)** 1. los; 2. lo; 3. escucharla; 4. leerlas, las; 5. hacerlo, lo; 6. las, las
b.) 3. No la puedo escuchar ...; 4. No las necesita leer ...; 5. No lo voy a hacer ..., estoy haciéndolo ...

4. 2. 1. enviarles; 2. me; 3. le; 4. te; 5. os; 6. les; 7. nos; 8. le; 9. les

4. 3. 1. te lo; 2. se las; 3. te lo; 4. se las; 5. se lo; 6. os los

4. 4. 1. Me lo he comprado...; 2. ... se los está probando/está probándoselos; 3. ... te lo puedo regalar/puedo regalártelo; 4. ... se ha ido con él ...; 5. ... se la voy a llevar/voy a llevársela ....

5. 1. **yo:** sé, puedo; **tú:** bebes, encuentras; **él/ella/usted:** prefiere, habla; **nosotros/-as:** vamos, vemos; **vosotros/-as:** vivís, dais; **ellos/ellas/ustedes:** prefieren, trabajan

5.2. 1. estudiar, estudio, estudias, estudiamos, estudian; 2. vendo, vende, vendemos, vendéis, venden; 3. escribir, escribo, escribes, escribe, escribimos, escribís; 4. estoy, está, estamos, estáis, están; 5. hacer, hago, haces, hacéis, hacen; 6. entiendo, entiendes, entiende, entendemos, entienden; 7. acostarse, me acuesto, se acuesta, nos acostamos, os acostáis; 8. ofrezco, ofreces, ofrece, ofrecéis, ofrecen; 9. venir, vienes, viene, venimos, vienen; 10. vestirse, me visto, te vistes, nos vestimos, se visten

5. 3. 1. estamos, tienen, voy, tiene; 2. cuento, se va, veo, vuelve, quiere, duerme; 3. es; 4. Se llama, sigue, nos divertimos, quiere; 5. sois, dice; 6. pienso, son, juegan, aprenden, salgo, pongo, significa, cuesta, es, come

5. 4. 1. duelen; 2. me encantan, te gustan; 3. nos molesta; 4. me interesa, me dan

6. 1. **Indefinido:** asesinó, encontró, dijo, vi, respondió, hablaron, dijeron, fue; **Imperfekt:** iba, trabajaba, tenía, odiaba, era; **Perfekt:** he pasado, he dicho, hemos preguntado, ha habido, ha hecho, ha sido; **Plusquamperfekt:** había visto, había muerto, habían sido

6. 2. **yo:** iba, he ido, había ido; **tú:** pusiste, has puesto, habías puesto; **él/ella/usted:** estuvo, estaba, había estado; **nosotros/ -as:** fuimos, éramos, hemos sido; **vosotros/ -as:** teníais, habéis tenido, habíais tenido; **ellos/ellas/ustedes:** siguieron, han seguido, habían seguido

6. 3. 1. encontré, estaba; 2. terminó, estuvo, trabajó, aprendió, ha tenido; 3. has hecho, hice, fuimos

6. 4. 1.d; 2.e; 3.f; 4.a; 5.c; 6.b

7. 1. 1. vas a hacer, Voy a leer; 2. vais a hacer, Vamos a jugar; 3. va a ir, Va a ir; 4. van a pasar, Vamos a quedarnos/Nos vamos a quedar

7. 2. 1. se está duchando/está duchándose; 2. está hablando; 3. están comiendo; 4. están esquiando, 5. están subiendo; 6. está vendiendo

7. 3. **a.)** 1. hará; 2. iremos; 3. Saldremos; 4. haré; 5. traerá; 6. Será.
b.) 1. habrá pasado; 2. nos habremos relajado; 3. Habrá sido; 4. Habremos vuelto

7. 4. 2. ... pondrían los ahorros en el banco; 3. ... gastarías mucho; 4. ... pediríamos un crédito; 5. ... compraría una casa; 6. ... tendría dos trabajos

7. 5. **tú:** 1, 3, 4, 6; **usted:** 2, 5, 7, 8, 9

7. 6. 1. No me diga!; 2. No vengas!; 3. No nos siga!; 4. No me lo des!

7. 7. 1.d; 2.c; 3.b; 4.a

8. 1. 1. necesitan que; 2. dudan que; 3. piden que; 4. temen que; 5. no creen que; 6. es natural que; 7. es necesario que

8. 2. 1. leen; 2. leen; 3. conserven; 4. son, aumenten; 5. identifiquen, tengan; 6. sean; 7. sean, son, esté; 8. tienes, lea

8. 3. 1. trabaje, trabajara; 2. vivierais, cambiaran, vivamos; 3. vayamos, fuéramos

8. 4. 1.b; 2.e; 3.a; 4.c; 5.f; 6.d

9. 1. 1. hay, está, Es, Está; 2. estás, estoy, hay, soy; 3. está, hay, hay, es, Está; 4. están, es, está, es, está, ser; 5. estamos, estoy, es, Es, estás; 6. están, Están, hay/son, hay, hay

9. 2. 1. El teléfono fue perfeccionado por Bell. 2. Los primeros modelos de coches fueron construidos por Benz y Daimler. 3. Los nuevos ordenadores han sido comprados por miles de personas.

9. 3. **a.)** 1. Olivia no fue invitada. 2. Los ejercicios ya son corregidos. 3. Este vino es producido en esta región. 4. Esta obra de teatro ha sido/fue escrita por niños.
b.) 1. Heute werden mehr Bücher als früher geschrieben. 2. Wo wird der beste Fisch verkauft? 3. Überall wird über Arbeitslosigkeit gesprochen/geredet.

9. 4. 1.b; 2.c; 3.b; 4.c; 5.a; 6.a

10. 1. 1. ... nunca estoy a dieta/no estoy nunca a dieta. 2. ... nadie me escoge la ropa/no me escoge nadie la ropa. 3. ... no hago nada sin consultar a mi agente. 4. ... tampoco llevo tatuajes/no llevo tampoco tatuajes. 5. ... ya no trabajo en un bar.

10. 2. 1. Cómo; 2. Cómo; 3. Cuántos; 4. Dónde; 5. Qué; 7. Qué

10. 3. 1. donde/en los que; 2. quien/el cual; 3. donde/en el que; 4. adonde/a las que; 5. que; 6. adonde; 7. que 8. donde/en el que/en el cual

10. 4. 1.c; 2.d; 3.b; 4.a

10. 5. 1. fueras; 2. harías; 3. te hubieras casado; 4. ganaras; 5. pudieras

10. 6. 1. qué te duele; 2. que te acuestes ahí; 3. si había tenido tensión alta; 4. que tomara estas/esas pastillas y que lo llamara en una semana.

Index

PONS

Grammatik

Spanisch   im Griff

Ein Übungsbuch und Nachschlagewerk für Lernende
mit Grundkenntnissen:
Grammatik entdecken, verstehen und üben

- Behandlung aller wichtigen Grammatikthemen

- ausführliche Erklärungen mit einfachen Beispielsätzen
  und hilfreichen Tipps

- 10 Testblocks mit zahlreichen Übungen zur Lern-
  kontrolle

- intelligente Gliederung für gezieltes Nachschlagen

Klett

www.pons.de

ISBN 3-12-560886-4
9 783125 608863